11,90

W0171451

Du

bist nicht
allein gelassen

D&D Medien

© 2013 D&D Medien GmbH
Gewerbestraße 5, 88287 Grünkraut
Satz und Umschlaggestaltung:
D&D Medien GmbH
Titelfoto und alle Fotos im Innenteil:
Raimund Dörflinger
Alle Rechte vorbehalten
Printed in Germany

ISBN 978-3-86400-010-2

www.ddmedien.com

Inhalt

Teil IV − Blick nach vorne

Vorwort

Liebe Leserin, lieber Leser!

Du bist nicht allein gelassen! „Doch – ich bin allein gelassen!", magst du mir heftig widersprechen, der oder die du nach diesem Buch gegriffen hast. Du bist hier richtig! Ich weiß, wie es dir zumute ist. Ich kenne diesen tiefen Schmerz, diese Leere, dieses schwarze Loch, in dem du steckst.

Ich selbst bin Witwe und lebe seit über zehn Jahren allein. Trotzdem oder gerade deshalb wage ich, dieses Buch zu schreiben – und Sie auch gleich zu duzen. Denn ich möchte Ihnen, d. h. dir erzählen, warum ich behaupte: „Du bist nicht allein gelassen!", und wie du das selbst entdecken kannst, dass du nicht total verlassen bist! Im Gegenteil – aber jetzt greife ich vor!

Du stehst also vor den Trümmern einer engen Beziehung? Hat dein Partner, hat deine Partnerin dich verlassen, weil er oder sie sterben musste – oder gar durch Untreue?

Oder hat eine schwere Krankheit dich herausgerissen aus deinem bisher so erfüllten Leben, und du liegst untätig und auf andere angewiesen im Krankenhaus oder alleine zu Hause? Dieser Schicksalsschlag hat dich schwer getroffen und macht dich irgendwie hilflos. Es hat dich einfach aus der Bahn geworfen und du weißt nicht weiter. Oder du lebst wie gelähmt vor dich hin und fragst dich: „Hat mein Leben überhaupt noch einen Sinn?"

Vielleicht gehörst du zu den vielen Menschen, die schon lange Jahre alleine leben – aus eigenem Entschluss oder weil sie nicht den passenden Partner gefunden haben?

Oder zu denen, die sich in unserer Zeit der Beziehungslosigkeit in ihrer nächsten Umgebung, im Beruf oder nach dem Aussteigen aus dem Beruf, im Altersheim, im Gefängnis unverstanden und verlassen fühlen? Das soll es sogar selbst in einer Ehe geben.

Ob Nachbarn und Freunde oder gar Glaubensgeschwister sich von dir abgewendet haben, ob die Kinder ausgezogen sind und nicht mehr nach dir schauen – es gibt vielerlei Situationen, in denen wir uns total verlassen fühlen, hilflos alleingelassen, wie in einer Wüste. Und die Auswirkungen können verheerend sein.

Doch da gibt es einen Ausweg, garantiert, für alle! Lass ihn dir zeigen, leg das Buch nicht weg!

Teil I

Echte Not!

1. Gibt es einen Ausweg?

Stell dir vor: Die Anregung, dieses Buch so zu nennen, stammt von meiner 84 Jahre alten Freundin, die in ihrem Leben unglaublich viel Schlimmes erlebt hat, seit Jahren nicht mehr gehen kann, nun auch noch völlig blind und halb taub ist und ganz auf fremde Hilfe angewiesen. Doch ihre Pfleger oder Pflegerinnen kommen sehr gerne zu ihr, weil sie dort so ermutigt werden! Auch wir beide lachen oft laut und herzlich miteinander.

„Du musst dieses Buch schreiben und den Menschen sagen: ,Du bist nicht allein gelassen!'", sagte sie vehement, als ich ihr von meiner Idee und meinen Zweifeln und Schwierigkeiten wegen dieses Buches erzählte. Was meinte sie? Wie kann ein Mensch in solch einer Lage so reden?

Ich darf es dir verraten: Sie hat die Quelle entdeckt, aus der sie trotz allem leben kann. Auch sie.

Die Quelle? Möchtest du sie auch entdecken? Oder gehörst du zu den Menschen, die so etwas gar nicht wollen? Oder nicht für möglich halten – also irgendwie blind sind dafür? Wie die drei deutschen Wissenschaftler in der Sahara, die ein Rettungstrupp gerade noch rechtzeitig aufspürte. Sie lagen im hei-

ßen Sand der Wüste, waren am Verdursten, dem Tode sehr nahe. In ihrer unmittelbaren Nähe befand sich ein Brunnen. Als man sie nach ihrer geglückten Rettung fragte, warum sie kein Wasser aus jenem Brunnen getrunken hätten, antworteten sie, laut ihrer Landkarte gab es dort keinen Brunnen. Die Armen – sie hatten sich nicht umgeschaut, sondern nur auf ihre Karte gestarrt. Und in den heißen Sand.

Und auf was starren wir? Natürlich auf unsere schlimme Situation, unser Verlassensein. Oder vielleicht zurück – wie schön es einst gewesen war. Doch das löst neue Trauer aus. Wieder Tränen, wieder Beschuldigungen, wieder Fragen: „Warum ich?" – Wieder im Loch.

Da fällt mir ein altes Lied ein, das wir im Schülerchor mal gesungen haben: „Hebe deine Augen auf zu den Bergen, von welchen dir Hilfe kommt."[1]

Ja, schön sind sie, die Berge. Ein erhebender Anblick, sogar majestätisch. Ich kann sie fast von meinem Haus aus sehen. Im Moment liegt noch viel Schnee drauf. Doch wie können mir die eiskalten Berge – der Säntis, das Matterhorn oder die Zugspitze – jetzt und hier helfen? Wenn ich begeisterte Bergsteigerin wäre, dann wäre mir wohl für ein paar Stunden geholfen. Aber dann? Fehlanzeige.

Zum Glück geht der Text noch weiter: „Meine Hilfe kommt vom Herrn, der Himmel und Erde gemacht hat." (vgl. Ps 121,1-2) Ist das die Lösung? Ich darf dir gleich verraten: Genau das ist sie. Ich habe dies erfahren. Und ich möchte dir gerne den Weg zur Quelle, den Weg zum lebendigen Gott zeigen. Darf ich das? Willst du Ihn suchen, Ihm begegnen?

Du magst jetzt fragen – und es ist gut, so ganz ehrlich zu fragen:
- Gibt es diesen Herrn noch? Ist der Himmel nicht leer?
- Ist Gott nicht eine unpersönliche Macht?
- Ist Er nicht ein strafender, zürnender Gott?
- Interessiert Er sich überhaupt für mich? Wie sollte Er auch? Wer bin ich schon?!
- Ist da nicht schon lange zwischen Ihm und mir eine riesig hohe Mauer?
- Überhaupt – was ist das für ein Gott, der mir das antut?!

Liebe Leserin! Lieber Leser! Wenn du mir weiterhin die Chance geben willst, dir zu beweisen, dass du nicht allein gelassen bist – obwohl du im Moment tatsächlich ganz alleine bist, obwohl du objektiv verlassen wurdest, obwohl du dich total und ganz scheußlich verlassen fühlst – und dir zu erzählen, wie ich erlebt habe, dass ich absolut nicht verlassen bin, dann lass uns doch diesen Gott zusammen ansprechen:

Du, Gott,
ich probiere es jetzt einfach mal aus!
Falls es Dich gibt, und falls Du mich hörst,
und falls Du Dich um mich kümmern
möchtest – dann bitte hole mich heraus
aus meiner Verlassenheit.
Irgendwie! Ich komme da nicht alleine raus!
Nun bin ich echt gespannt,
ob sich was ändert. Amen.

2. Mein Klagelied:
Wieder allein im Haus

Wieder diese öde Stille! Keiner begrüßt mich! Niemand wartet auf mich. Schnell das Radio einschalten, sonst halte ich es nicht aus ... Huch, nein – Musik ist im Moment wohl auch nicht das Richtige! Wie können die Menschen bloß solche Albernheiten singen – und das in solcher Lautstärke?! Das bisschen Essen macht auch keinen Spaß – so alleine! Sein Platz am Tisch ist leer. Es ist niemand da, der mir zuhört, den ich fragen kann, für den ich sorgen kann. Der sich für mich interessiert. Der mich tröstend in den Arm nimmt ... Oh, daran darf ich gar nicht denken! Dann kommen schon die Tränen.

Am schlimmsten ist es am Sonntag. Bei dir auch? Oder wenn ich abends mein Schlafzimmer betrete – nach einem leeren Tag in ein leeres Zimmer. Warum überkommt mich die Trauer am Abend noch einmal? Weil es ein leerer, einsamer Tag war? Monatelang erwartete ich, dass er zurückkommen würde – aber das war Illusion. Ich musste, ich muss mich ans Einsamsein gewöhnen, irgendwie. Falls das geht.

Doch immer wieder frage ich: Mit was fülle ich die Leere in meinem Haus, in meinem Leben – das Vakuum in mir? Es ist zum Davonlaufen! Ich muss mich unbedingt ablenken. Da bietet sich manches an, es drängt sich mir geradezu auf. Als erstes das Fernsehen, Tag und Nacht, ganz bequem vom Sofa aus! Spannende Krimis, gefühlsbetonte Familiengeschichten, Quizsendungen, Talkshows ... „Man muss ja wissen, wie es in der Welt so zugeht und man kann doch auch manches dazulernen", meinen die, die gerne vor der „Glotze" sitzen. Bei nicht wenigen ist dieses Gerät zum „Hausaltar" geworden.

Ich persönlich habe mich dagegen entschieden, mich von all dem, was da angeboten wird, berühren, beeinflussen, anfüllen zu lassen. Ich möchte mich nicht der Oberflächlichkeit und vor allem nicht der Meinungs-Diktatur und dem Geschmack dieser Medien aussetzen, mich davon abstumpfen, steuern und manipulieren lassen! Nicht mal die Nachrichtensendungen sind objektiv – und zudem eingerahmt von anzüglichen Szenen und anderem Unwesentlichen, ja Minderwertigen. Das will ich mir nicht antun.

Also höre ich mir die Nachrichten im Radio an. Christliche Sender bringen manch gute Anregung. Aber dann ist es wieder still, leer und einsam in der Wohnung!

Sollte ich anstatt der üblichen „notwendigen" Zeitungen und Zeitschriften mal wieder Romane lesen, so richtig dicke Wälzer, die mich in eine andere Welt entführen? Ich könnte auch mehr Sport treiben oder in einen Wanderverein eintreten. Verlockend für mich wären jetzt Reisen in ferne Länder, um neue Leute und neue Kulturen kennenzulernen. Was für Chancen, meinen Horizont zu erweitern!

Aber, genau betrachtet, sind das alles nur kurzfristige Lösungen. Wenn ich dann nach Hause komme, sitze ich wieder alleine am Tisch. Kein Gegenüber, nur die Einsamkeit.

Ich brauche jemand – und zwar hier und jetzt! Jemand, der mich versteht, der zu mir hält, der für mich da ist! Das ist doch ganz natürlich! „Es ist nicht gut, dass der Mensch allein ist!" Steht der Satz nicht sogar in der Bibel!? (vgl. Gen 2,18) Richtig! Ganz am Anfang. Gott selbst hat das gesagt! Sogar ausdrücklich! Aus diesem Grunde schuf Er doch dem ersten Menschen ein Gegenüber, das ihn verstanden hat, das er lieben konnte. Und wir, sind wir nicht auch heute noch angewiesen auf ein Du – schon vom ersten Tag unseres Lebens an!

Doch ... ich ... bin ... allein!!

Die beste Freundin ist telefonisch nicht zu erreichen. Und die Verwandtschaft hat mit sich selbst genug zu tun. Die früheren „Freunde" machen sich sehr rar. Alle sind beschäftigt, alle weit weg. Ich fühle mich „mutterseelenallein" – wie es in den Märchen heißt.

Allerdings – im Märchen gibt es immer eine Lösung, einen starken Retter, ein Happy End.

Doch dies ist kein Märchen – es ist Realität. Meine Realität, meine eigene, schon recht bittere Situation. Gibt es für mich keine Lösung, keinen Lichtblick, keinen Retter?

Darf ich dir verraten, was ich tue, wenn die Einsamkeit mich mal wieder so richtig anödet?

„Du ...!?", sucht mein Herz in die leere Stille hinein. Und ich spüre eine leise Antwort, von ganz tief innen: „Ich bin doch bei dir!"

Da kommt ein wissendes Lächeln auf mein Gesicht,

ich flüstere Seinen Namen. Er weiß, wie ich mich fühle, was weh tut, was so dunkel und sinnlos aussieht. Und auf einmal ist er wieder in mir – dieser unerklärliche, tiefe, wohltuende Friede. Es ist Sein Friede. Er hüllt mich ein, wie ein warmer Mantel. Geht es mir gut!

Und schon kann ich Ihm danken, dass heute die Sonne wieder scheint – zumindest hinter den Wolken. Dass ich ein Dach überm Kopf habe, ein weiches Bett und genug zu essen. Und frische Luft zum Atmen ...

Vor allem: Dass ich Ihn kennen darf! Und dass ich mich freue auf das, was Er mit mir, mit meinem kleinen Leben noch vorhat! Mein Gebet:

Und genau jetzt, an dieser Stelle,
bitte ich Dich, Gott:
Berühre alle, die diese Zeilen lesen,
und schenke ihnen einen Schimmer Hoffnung,
dass es doch noch Trost gibt
und Licht für sie in diesem Dunkel,
das ihre Seele ergriffen hat. Amen.

3. Der „Ich bin da"[1]

Der Zustand, in dem du dich befindest, ist ernst zu nehmen. Ja, Verlassensein ist eine zunächst objektiv feststellbare Tatsache – egal, von wem man verlassen wurde und warum. Sich verlassen zu fühlen ist genau das Gegenteil von dem, was der Mensch sich wünscht und was er zum Leben braucht – also extrem unangenehm, lebensfeindlich, zerstörerisch. Der kürzeste, lohnendste Ausweg aus dieser Lage – ohne Enttäuschung, Risiken und Nebenwirkungen und ohne schlimme Folgen – wird meist übersehen oder als unrealistisch abgetan. Denken wir an den Brunnen in der Wüste, den ich vorhin erwähnte.

Und hier kann ich gleich berichten: Dieser Ausweg, dieser Brunnen, bietet weit mehr an, als man denkt. Er birgt ungeahnte Chancen. Wie viele, sicher unzählige Menschen vor mir, durfte auch ich ihn entdecken. Es ist kein Weg im üblichen Sinne, sondern eine Person.

Ich möchte dir dabei helfen, den Einen zu entdecken, der bei dir ist – in aller Verlassenheit!

Und, damit das von vornherein klar ist: Es gibt diesen Gott noch! Du wirst es erfahren! Der Himmel ist nicht leer! Und nicht weit weg, wie du denkst! Du wirst staunen! Er ist keine unpersönliche Macht! Unser Gott, der einzige Gott, ist Person! Er ist nicht der strafende, zürnende Gott – nicht für die, die nach Ihm ausschauen!

Und Er interessiert sich für dich! Er kennt dich durch und durch und will dir helfen! Du bist wertvoll in seinen Augen! Er schaut dich liebevoll an – trotz allem! Er möchte dein Vater sein! Er streckt seine Arme aus nach dir! Ja, da kann zwischen Ihm und dir eine riesig hohe Mauer sein, aber die ist für Ihn kein Problem – wenn du bloß willst. Du darfst Ihn fragen: „Was bist Du für ein Gott?" Und Er wird

dir liebend gerne antworten - wenn du bloß willst.
Denn Er hört dich, Er ist wirklich da!

Manche Menschen kommen erst im Alter darauf -
zum Beispiel Mose, der berühmte Mann, der das
Volk Israel aus der Sklaverei führen sollte (nachzulesen in Exodus 3):
Ausgesetzt im Schilf am großen Strom - ein Säug-
ling - in einem Körbchen aus Binsen. Total verlassen. Wo sind die weichen Arme der Mutter, wo ihre
liebevolle Stimme, wo ihre volle Brust? Strampeln
ist unmöglich - Ärmchen und Beinchen sind fest
umwickelt. Ganz dunkel ist's im Körbchen. Es
schaukelt auf dem Wasser. Nur hie und da ein hei-
seres Vogelkrächzen. Sonst nichts - nur Dunkelheit,
Enge und Gefesseltsein. Vom Tod bedroht, von aller
Welt verlassen ....
Da kann er nur noch schreien - seine Not und
Angst hinausschreien. Mit aller Kraft. Verzweifelt.
Wird ihn jemand hören?
Fremde Frauenstimmen ... der Deckel geht auf!
Licht, Sonne, Wärme! Heraus aus der Enge, in wei-
chen Armen geborgen, getröstet. Da - die bekannte
Stimme der hilfsbereiten Schwester! Noch einmal
zurück zur Mutter, süße Milch, Zuwendung. Ah!
Wieder Geborgenheit! - Nur für kurze Zeit.
Doch dann - der Abschied von den Seinen. Eine
fremde Sprache, fremde Umgebung, fremde Sitten.
Als einziger Hebräer im Palast, als Adoptivsohn der
Prinzessin, eingeschlossen in fremdes Zeremoniell,
erzogen in der Weisheit der Ägypter, schließlich
hochgebildet und angesehen. In der Gunst des Pharao, blendende Zukunftsaussichten! Doch in all

dem Luxus – einsam. Fremd. Im Herzen die verbotene Frage: Wie lange noch wird mein Volk geknechtet und gequält?

Auf der Flucht. Angst vor dem Zorn des Pharao. Angst vor den Verfolgern! Er hatte einen Ägypter erschlagen – im Zorn über dessen Grausamkeit. Nur fort – weit, weit weg, in die Wüste! Hunger, Hitze, vor allem Durst. Wieder ausgesetzt! Wieder vom Tod bedroht, von aller Welt verlassen – aus eigener Schuld! Das Schlimmste: Hat der Gott seiner Väter ihn deshalb im Zorn verstoßen?
Ein Brunnen in der Wüste! Nochmals Rettung – und Familienanschluss. Keiner kennt ihn, keiner verfolgt ihn. Fremde Sprache, fremde Sitten, fremde Götter. Viel allein in der Steppe als Hirte von Schafen und Ziegen, vierzig Jahre lang. Weit weg von seinem Volk. Wieder ausgesetzt.

Der alte Viehhirt, ganz einsam, in der Stille der öden Steppe. Viel, viel Zeit zum Fragen: Wozu das alles? Hatte sein Leben einen Sinn? Ist es nicht immer wieder das Gleiche, was ihm widerfährt? Verlassen – selbst von jenem Gott, von dem er in der Kindheit hörte! Wenn es den Gott seiner Väter überhaupt gibt, ist dieser denn weniger mächtig als der Pharao? Steht Er nicht zu dem, was Er den Vätern versprochen hat? Denn immer noch wird sein Volk im fernen Ägypten geknechtet und gequält. Hört dieser Gott denn nicht dessen Klagen und Schreien?
Auch Mose schreit – in die Wüste hinein – da hört ihn ja keiner: „Wie lange noch?!"

Eines Tages – weiter entfernt von „zu Hause" als je zuvor, jenseits der Steppe am Fuß des Berges – eine riesige Flamme! Aus einem Dornbusch? Mitten am Tag! Außergewöhnlich! Das muss er sich genauer ansehen. Da – eine Stimme: „Mose! Mose!" – Sein Name! Wer ist es, der ihn anspricht, der seinen Namen kennt?! Und er antwortet mit zitternder Stimme: „Hier bin ich!"

Erschauern, Erbeben, große Furcht. Mose muss seine Schuhe ablegen, steht barfuß auf heiligem Boden und verhüllt sein Gesicht. Er darf ihn nicht anschauen – den Heiligen!

– „Ich habe das Schreien gehört! Geh! Ich sende dich! Führe mein Volk aus der Knechtschaft!" – „Wer bist du? Was ist dein Name?" – „Ich bin der ‚Ich bin da'!"

Mose ist tief erschüttert. Dieser sein Gott ist hier, ganz nah, direkt vor ihm! Er nennt ihm sogar Seinen Namen: „Ich bin da"!

Wenn das Sein Name ist, dann, oh, dann war Er immer da gewesen – mit ihm gewesen! Dann war Er es, der ihn immer wieder gerettet hatte! Er hatte ihn nie verlassen! Sein Leben lang – gar nie! Das wäre ja ein Widerspruch zu Seinem Namen, Seinem eigenen Wesen! Er hatte sein Versprechen gehalten. Allerdings – Er hatte ihm manches Schwere zugemutet. Wahrhaftig! Viel Verlassenwerden, viel Einsamkeit. Oh, es war nur scheinbare Einsamkeit – denn dieser Jahwe war ja immer da gewesen! Und Er hatte auch all sein Fragen und all sein Schreien gehört! Wenn er das gewusst hätte!

Aber nun will dieser Gott handeln – endlich! Er, der Mächtige, will ihn in Seinen Dienst nehmen – ihn, den schwachen, alten Viehhirten, – ihn, den Schuldigen, den Totschläger, – ihn, der den Stolz und die Macht des Pharao aus eigenem Erleben nur allzu gut kennt! Schon bei der bloßen Erinnerung packt ihn die Angst.

Doch sofort nimmt Mose wieder diese überwältigend starke und huldvolle Gegenwart wahr, und er weiß im tiefsten Innern: Wenn sein Gott der „Ich bin da" ist und es bleibt, wenn Er mit ihm ist, mit ihm sein wird in jeder Situation – dann wird er trotz seiner Angst und Schwäche seinen Auftrag erfüllen können. Er weiß mit absoluter Sicherheit: Dieser mächtige Gott wird ihn niemals im Stich lassen.

Das wird Mose nun erleben – Tag und Nacht auf dem langen, schweren Weg mit seinem Volk.

Am Ende seines Lebens blickt er noch ein Mal zurück und singt seinem Gott ein Lied:

„Hört zu, ihr Himmel, ich will reden, die Erde lausche meinen Worten! ... Ich will den Namen des Herrn verkünden. Preist die Größe unseres Gottes! Er heißt: Der Fels. Vollkommen ist, was er tut; denn alle seine Wege sind recht. Er ist ein unbeirrbar treuer Gott, er ist gerecht und gerade." (Dtn 32,3-4)

„Alle seine Wege sind recht", sang Mose. Offensichtlich hatte er vor seinem Tode bereits erkannt, dass alles, gar alles, in seinem langen Leben sinnvoll gewesen war. Welche Erkenntnis, welche Weisheit! Viele Menschen erkennen das erst hinterher, wann es zu spät ist.

Möchtest du dich mit mir an diesen „Ich bin da"
wenden?

> Du, Gott, wenn das Dein Name ist,
> wenn das immer noch gilt, dass Du da bist,
> immer und überall da bist,
> dann bist Du auch jetzt – hier bei mir?
> Hörst Du mich? Bist Du ansprechbar?
> Bitte, lass mich das irgendwie spüren und erleben!
> Du siehst doch, dass ich Dich
> jetzt dringend brauche! Amen.

4. Aber ich brauche Menschen!

„Das, was Mose erlebte, was er erfahren
durfte, das ist lange her und weit weg! Aber
ich brauche jetzt einen Menschen", magst du jetzt
denken, „... einen, mit dem ich reden kann, der mir
zuhört, der mich in den Arm nimmt, der mir helfen
kann!"
Unser Gott weiß das! Er ist es ja, der uns so geschaffen hat. Und Er schickt uns auch Menschen, wenn
wir sie brauchen. Ich durfte das oft und oft erleben.
Zum Beispiel – Menschen zum Mitfreuen: Als ich
unter großen Mühen und Kämpfen mein letztes
Buch fertig geschrieben hatte, war ich so glücklich
darüber, dass ich das unbedingt jemand mitteilen
musste. Ich rief meiner Tochter an und erzählte es
ihr. Sie freute sich mit mir, ganz echt. Als ich dann

den Telefonhörer auflegte, dachte ich: „Ich würde jetzt so gerne mit jemand feiern!" Mir kamen die Tränen. Ganz tapfer und entschlossen sprach ich halblaut weiter: „Jetzt feiere ich halt mit Dir, Jesus!", und ging an meinen Gebetsplatz. Ich zündete die Kerze an und fing an zu danken.

Auf einmal klingelte es heftig an der Tür. „Wer kommt noch so spät abends? So stürmisch läuten doch bloß meine Enkel!", dachte ich. Tatsächlich, sie waren es – mit ihrer Mama natürlich – umarmten mich, wollten mit mir feiern. Die beiden Mädchen hatten in aller Eile bunte Bilder gemalt und darauf geschrieben, dass sie mir gratulieren. Ihr großer Bruder überreichte mir sogar sein Schatzkästchen – eine selbst gefaltete Schachtel mit einem winzigen Pferdebildchen und kleinen Muscheln vom Bodensee darin. Und meine Tochter brachte was zum Knabbern und zum Trinken mit. Ich war so überrascht und gerührt! Mir kommen jetzt noch die Tränen der Rührung – und das ist schon Jahre her!

Auch Mose brauchte menschliche Hilfe und bekam sie. Wie muss er sich gefreut haben, dass er seinem Bruder Aaron und seiner Schwester Mirjam wieder begegnen durfte – nach Jahrzehnten des Alleinseins zuerst im Palast und dann in der Fremde – Menschen, die er kannte, sogar Geschwister, die er liebte! Die ihm helfen würden, die an seinen Auftrag glaubten und zu ihm hielten. (Bis auf einen Zwischenfall – aber das ist eine andere Geschichte, die auch wunderbar ausging.)

Die beiden durften miterleben, wie ihr Volk auf wunderbare, höchst erstaunliche Weise – durch den „starken Arm ihres Gottes" – aus der Sklaverei geführt wurde. Wie dieser Gott sich als ihr Versorger erwies, als sie in der Wüste kein Brot hatten. Wie Er viele Jahre hindurch das wunderbare Manna vom Himmel regnen ließ. Wie Er bewirkte, dass mitten in der Wüste Wasser aus dem Felsen strömte. Vor allem – wie Jahwe sie alle trockenen Fußes durch das Meer führte und die Feinde besiegte. Sie konnten mit ihrem Bruder Mose zusammen staunen und danken und sich mit ihm freuen. Und sie halfen ihm bei seiner riesigen Aufgabe. Mirjam kümmerte sich um die Frauen und tat mit ihnen das Wichtigste, was sie tun konnten: Sie zog ihnen voraus mit ihrer Trommel und sang und tanzte mit ihnen für ihren rettenden Gott, der, sogar sichtbar in der Wolke, mit ihnen zog. Und Aaron wurde der Priester des Volkes und der Sprecher für Mose, denn dieser wusste sich nicht sehr begabt im Reden. Schließlich schickte Er ihm noch seinen Schwiegervater Jitro, der ihm einen weisen Rat gab, als Mose in seinem Amt als Richter und Führer seines Volkes total überfordert war. Auch seine Frau, die Midianiterin, also eine Heidin, bekam unterwegs einmal vom Herrn den Auftrag, das Leben ihres Mannes Mose zu retten durch die Beschneidung ihres kleinen Sohnes. Und dann war da noch der junge Josua, sein Nachfolger, der von ihm lernen wollte und konnte. Aber lies selbst weiter. In der Bibel – und hier!

„Du wirst dich wundern, wie Ich Mich um dich kümmere!", hatte ich am Tag nach dem Tod meines Mannes in meinem Herzen gehört. Wie schön! Das konnte nur Gott gesagt haben – und dieses Wort gab mir Halt und Trost und Zuversicht. Und ich durfte das tatsächlich erleben, immer wieder. Meine erwachsenen Söhne und die Tochter tun, was sie können. Aber es ist nicht nur die Familie, die mir hilft. Zum Beispiel schippt mir mein Nachbar noch heute im Winter den Schnee vor dem Haus, obwohl auch er älter geworden ist. Eine andere Nachbarin schaut nach mir, wenn sie lange nichts von mir gehört hat.

Und außerdem habe ich sehr gute Freundinnen, die mich verstehen, bei denen ich klagen kann, die mit mir betroffen sind, die sich mitfreuen können und die für mich beten. Unsere Telefongespräche enden auch meist mit einem Gebet füreinander oder für das eben Besprochene. Hie und da haben sie sogar ein Wort für mich, das sie im Gebet von Gott empfangen haben. Und immer wieder spüren Menschen, dass ich Ermutigung nötig habe, und rufen an oder schreiben mir eine Karte. Was für kostbare Geschenke!

Doch der Herr gebraucht auch fremde Menschen: Ganz verblüffend war für mich die Geschichte mit dem Kaminfeger. Der stand eines Abends vor meiner Tür. Ich begrüßte ihn total überrascht mit den Worten: „Sie schickt der Himmel!" Das hatte ich noch nie zu einem Menschen gesagt. Er erzählte, ihm sei plötzlich die Idee gekommen, dass er mal nach mir schauen müsse. Wir kannten uns doch kaum! So eine Fügung – denn an diesem Tag hatte der Heizungsmonteur mir erklärt, dass meine Heizung defekt sei und ich eine neue bräuchte! Das Teil, das ausgetauscht werden müsse, sei nicht mehr erhältlich, da es die Herstellerfirma nicht mehr gebe. Anschließend hatte auch gleich sein Chef angerufen und mir ein „günstiges" Angebot gemacht – „bloß fünfeinhalbtausend". Bloß! Das war heftig für mich, hatte ich doch fast all mein Erspartes im letzten Monat für andere dringende Baumaßnahmen verbraucht. Wie immer in solchen Fällen hatte ich gleich zum Herrn gesagt: „Ich gebe Dir diese Sorge! Es ist Dein Haus! Und ich bin Deine Tochter! Sorge Du für mich!"

Inzwischen waren der Kaminfeger und ich unten im Heizraum angelangt. Er untersuchte die Sache und meinte dann: „Ich kann Ihnen dieses Teil von einem anderen Hersteller besorgen." Er zückte sein Handy und bestellte gleich das Ersatzteil und einen Monteur. Das Ganze kostete mich dann nur einen Tausender. Soviel hatte ich noch auf dem Konto.

Wie war ich dankbar und staunte! Der Herr hatte einen fremden Fachmann spontan zu mir geschickt! Mein Gott hatte sich, wie versprochen, wieder um mich gekümmert! Unser Gott ist so treu! Ich kann Ihm vertrauen! Und dankbar sein.

Einmal bedankte ich mich bei Ihm und sagte: „Du kümmerst Dich so lieb um mich! Du hast mir bestimmt schon über hundert Mal geholfen!" Da hatte ich das Gefühl, dass Er lächelnd meinte: „Da hast du dich gewaltig verschätzt mit den hundert Mal, mein Kind! Ist dir klar, dass Ich dich rund um die Uhr versorge, dass Ich dir jeden Atemzug ermögliche, jedes Pochen deines Herzens, jeden Impuls in deinem Gehirn, alles, was sich in deinen Zellen ab-

spielt und alles, was dich sonst noch ausmacht?!"
Ich war etwas beschämt. Aber das Staunen über-
wog – dass Er sich jeden Moment, Tag und Nacht,
rund um die Uhr um mich kümmert. Und das, seitdem ich lebe – über all die Jahrzehnte! Da konnte
ich nur noch Danke sagen

Sicher hast du das auch immer wieder erlebt, dass
sich Menschen um dich kümmerten. Es hat dich berührt. Vielleicht bist du nie auf den Gedanken gekommen, dass es Gott war, der sie zu dir schickte –
sich also um dich kümmerte?!

Vielleicht möchtest du Ihm sagen:

Herr, gib mir einen neuen Blick!
Lass mich hinter die Dinge schauen
und über all meine Trauer hinweg
– auf Dich und alles, was Du mir schenkst!
Lass mich Dir fester vertrauen,
dass Du alles in der Hand hast
und auch für mich noch etwas Gutes!
Gib mir ein dankbares Herz! Amen.

5. El Roi – der Gott, der nach mir schaut

Die überraschende Erfahrung einer Frau aus
dem Alten Testament kann uns noch ein
Stück weiterhelfen (nachzulesen in Genesis 16):

Sie hieß Hagar und war eine Sklavin aus Ägypten. Ihre Herrin, Sarai, hatte dem Abram lange Jahre keine Kinder geboren. Da gab diese ihm ihre Sklavin, damit ihnen durch sie ein Sohn geschenkt werde. Und tatsächlich wurde Hagar schwanger. Nun wurde es schwierig zwischen den beiden Frauen. Hagar kam sich natürlich wichtig vor, und Sarai konnte das nicht ertragen. Da behandelte sie ihre Sklavin so hart, dass diese davonlief.

Weit weg – in die Wüste. Empört. Wütend. Verbittert. Solche Behandlung musste sie sich nicht gefallen lassen! Sie – aus dem Kulturvolk der Ägypter! Sie – die den ersehnten Nachkommen dieser Leute in ihrem Bauch trug! Und, was besonders weh tat: Abram, dessen Vater, hatte sie nicht in Schutz genommen vor seiner Frau! In den Augen ihrer Besitzer war sie offensichtlich ein Nichts. Das hatte sie nicht verdient! Nein, nie mehr dorthin zurück!

Lieber hier sein, ganz allein in der Wüste. Selbst wenn sie hier umkommen sollte, war dies immer noch besser, als dort zu bleiben, von wo sie kam. Ihr Leben war ja nichts wert! Nichts!

Doch – wohin rannte sie eigentlich? Sie hatte kein Ziel und keine Zukunft! Sie hatte kein Brot dabei. Bis in ihr Heimatland würden ihre Kräfte niemals ausreichen. Vorher würde sie eh verdursten. Sie hatte keinen Wasserschlauch mitgenommen – was in dieser Wüste den sicheren Tod bedeutete. Die erbarmungslose Sonne brannte jetzt schon heißer, als sie ertragen konnte. Und zudem – als Frau, ganz allein, war sie hier wirklich hilflos und völlig schutzlos – der Hitze des Tages und der Kälte der Nacht ausgeliefert. Und ohnmächtig gegenüber all den anderen Gefahren, die hier lauerten – in dieser Wüste! Je länger Hagar keuchend weiterlief, desto verzweifelter wurde sie. Irgendwann brach sie weinend zusammen. Musste sie hier nun einsam sterben? Kam denn keine Hilfe? Doch wer wollte ihr auch helfen? „Erbarme dich!", flüsterte sie trotzdem noch ins leere Schweigen hinein. Oder auch nicht.

Da – ein Geräusch – wie von Wasser! Unglaublich – eine Quelle! Mit letzter Kraft schleppt Hagar sich dort hin. Wasser, klares, reines Wasser – in Fülle! Mit ihren beiden Händen formt sie eine Schale und trinkt und trinkt das kühle Nass. Ah! Wie wohltuend!

Da – etwas Leuchtendes! Als sie aufblickt, gewahrt sie eine mächtige Gestalt, die zu ihr spricht: „Hagar, Magd Sarais, woher kommst du und wohin gehst du?" Sie ist sich sicher: Das ist der Gott, von dem Abram erzählt hatte! Niemand anderer! Er hatte nach ihr gesucht! Er schaut sie an! Und unter seinem gütigen Blick vergehen Wut, Empörung und Verbitterung.

So bekennt Hagar – ganz ehrlich –, dass sie ihrer Herrin davongelaufen sei. Und beklagt sich mit keiner Silbe über Sarai. Der Herr spricht zu ihr: „Geh zurück zu deiner Herrin und ertrag ihre harte Behandlung!"

Oh, Er weiß Bescheid! Und Er mutet ihr zu, dass sie umkehrt, zurückgeht. Dass sie wieder als Sklavin dient und Hartes erträgt. Oh, Er traut ihr etwas zu! Er gibt ihr Zukunft: Sie werde einen Sohn gebären und ihn Ismael nennen, das heißt: „Gott hört! ...

Denn der Herr hat auf dich gehört in deinem Leid." Und Er schenkt ihr eine Verheißung, wie sie größer nicht sein könnte: „Deine Nachkommen will ich so zahlreich machen, dass man sie nicht zählen kann." Hagar war voll des Staunens! Der Herr, der Gott Abrams, hatte nach ihr geschaut. Er selbst! Sie war Ihm das wert, sie, die Sklavin, die Fremde! Die Rebellin! Er tadelte sie nicht, Er bestrafte sie nicht!

Im Gegenteil – Er hatte große Pläne mit ihr: All die vielen Nachkommen! Was gab es Schöneres! Sie war Ihm wichtig, wichtig als Stamm-Mutter der vielen. Das gab ihr den Mut und die Kraft, zu gehorchen und zu Sarai zurückzugehen. Sie würde auch die Kraft bekommen, deren harte Behandlung zu ertragen, auszuharren in Geduld – denn sie wusste nun, dass ihr Leben, selbst ihr Ertragen, ihr Leiden, einen Sinn hatte. Sie würde immer auf die Verheißung schauen, auf das, was dieser „Herr" aus ihrem Leben machen würde.

Er hatte sie höchstpersönlich angesprochen – mit ihrem eigenen Namen! Ihr Herz jubelte. In ihrer Freude wollte sie Ihm ein Lied singen, ein neues, ganz persönliches – ihr Lied. Doch sie kannte Seinen Namen nicht, nur ihr wunderbares Erlebnis. So nannte sie Ihn „El Roi – der Gott, der nach mir schaut"! Und dem Brunnen gab sie auch gleich einen Namen: „Beer-Lahai-Roi – Brunnen des Lebendigen, der nach mir schaut". Damit alle, die jemals hier ihren Durst löschen, wissen, was hier geschah, was ihr geschenkt wurde. Vor allem: Wer hier war. Sie hatte begriffen: El Roi ist kein Gott aus Holz, Marmor oder Gold! Nein, Er ist der Lebendige und Er hat ihr neues Leben geschenkt!

Wir dürfen uns an dieser Stelle fragen: Schaut Er auch nach mir? Auch meine Situation ist ziemlich aussichtslos! Auch ich fühle mich hilflos, nutzlos, verbittert. Vielleicht auch fassungslos, einfach wütend, zutiefst verletzt. Oder immer schon unbeachtet und benachteiligt. Wird Er auch mich ansprechen?

Mir fällt ein Satz ein, den einer geschrieben hat, der Gott sehr gut kannte – König David, der die Wüste sehr gut kannte, der es wissen musste:

„Nahe ist der Herr den zerbrochenen Herzen, er hilft denen auf, die ein zerschlagenes Gemüt haben." (Ps 34,19)

Dieser Satz trifft manche von uns und unsere Situation. Und es ist wichtig, tut sogar gut, ganz ehrlich zuzugeben: „Ja, mein Herz ist echt zerbrochen!" Und der etwas altmodische Ausdruck „zerschlagenes Gemüt" beschreibt vielleicht auch deinen Zustand. Und du darfst fragen: „Da soll also Gott, der Herr, mir nahe sein – und mir aufhelfen?! Kann ich das glauben?"

Du, El Roi, schaust Du auch nach mir?
Kennst Du auch meine Lage?
Siehst Du auch mein zerbrochenes Herz?
Ich halte es Dir hin.
Willst Du auch mir neuen Mut geben? Und die Kraft,
all das zu bewältigen, was nun auf mich zukommt?
Zeige Dich auch mir als Der, der nach mir schaut!
Und – womöglich hast Du auch noch etwas mit mir vor?
Womöglich hat auch dies hier einen Sinn?

6. Die Quelle

Die Bibel berichtet: *„Der Engel des Herrn fand sie an einer Quelle in der Wüste." (Gen 16,7)* Wir müssen wissen, der Ausdruck „Engel des Herrn" ist eine Umschreibung für den Gott Israels. Es ist bezeichnend, sogar tiefgründig, dass die Begegnung Hagars mit Gott an einer Quelle in der Wüste stattfand. Dass in der Wüste eine Quelle entspringt und nicht vertrocknet oder versickert – das ist an sich schon ein Wunder. Aber das, was die Quelle für Hagar bedeutete, das ist ein noch größeres Wunder:

Quellen schenken Leben, denn ohne Wasser können wir Menschen nicht überleben. Quellen schenken reines frisches, lebendiges Wasser. Es kommt auf uns zu, es fließt uns entgegen, es fließt einfach. Ganz umsonst, ganz einfach, ganz klar, ganz kostbar und immer neu! Sein Ursprung ist unseren Augen verborgen, ist ein Geheimnis.

Schon im Vorwort zu diesem Buch erwähnte ich eine Freundin, die „... die Quelle entdeckt hat, aus der sie trotz allem leben kann". Damit meinte ich natürlich Gott, aus dem wir leben.

„... aus dem wir leben"?! Wie kann ich eine solche Behauptung wagen? Das ist nicht meine blumige Sprache, sondern durchaus biblisch – und zudem sehr realistisch, wenn man den Gang der Geschichte der Menschheit betrachtet!

Gott selbst vergleicht sich mit einer Quelle. Im Buch des Propheten Jeremia klagt Er:

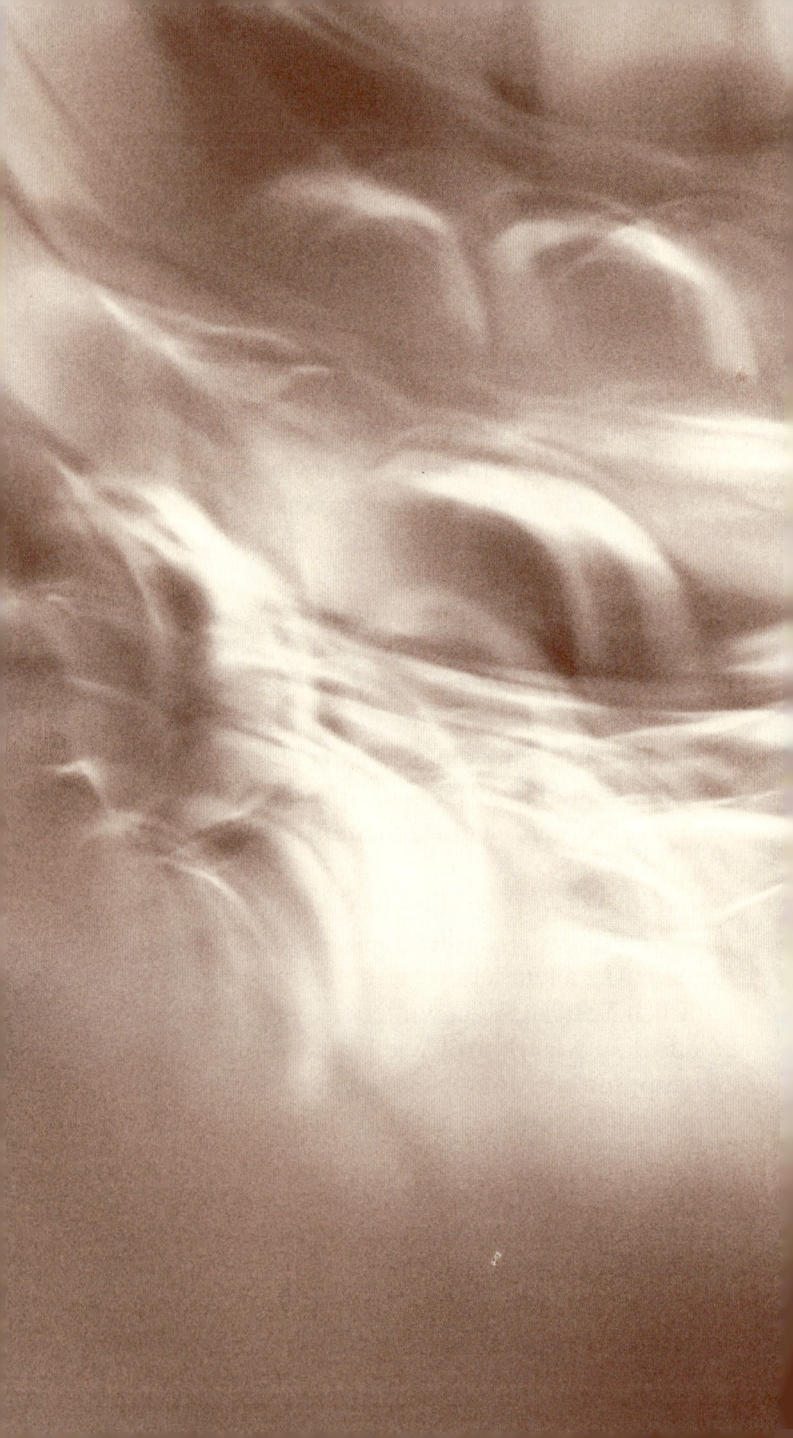

„Mein Volk hat doppeltes Unrecht verübt: Mich hat es verlassen, den Quell des lebendigen Wassers, um sich Zisternen zu graben, Zisternen mit Rissen, die das Wasser nicht halten." (Jer 2,13)

Wie schockierend: Der Allmächtige klagt! Er könnte doch mal durchgreifen! Doch Er klagt nur – denn Er hatte den Menschen ja Freiheit geschenkt!
Was macht Ihn traurig? Er sieht natürlich schon die furchtbaren Konsequenzen! Und Er liebt doch Sein Volk! Er liebt uns! Auch heute noch suchen wir Menschen Trost, Heilung und Freude nicht bei Gott, sondern meist woanders. Wir sollten es besser wissen! Gerade wir, die wir inzwischen so vieles über Hygiene und Bakterien und ähnliches gelernt haben und über die gesundheitlichen Schäden durch verseuchtes Trinkwasser, wir sollten die Warnung des Propheten vor dem abgestandenen Wasser aus übel riechenden Zisternen durchaus verstehen und alles sorgfältig prüfen, von was oder wem wir uns beeinflussen oder sogar vereinnahmen lassen. Manchmal sind es bloß kleine Schlückchen, die uns nicht bekommen. Regelmäßig genossen können sie zur Sucht oder zur Krankheit führen, das wissen wir doch auch!

Warum tun wir uns das an? Es geht doch um Entscheidendes, wirklich um alles oder nichts:
„Du Hoffnung Israels, Herr! Alle, die dich verlassen, werden zuschanden, die sich von dir abwenden, werden in das Totenreich eingeschrieben, denn sie haben den Herrn verlassen, den Quell lebendigen Wassers." (Jer 17,13)

Der Prophet Jeremia spricht hier eine sehr deutliche Sprache – und das, was er sagte, gilt auch heute noch. Wer also nichts mit dem Gott des Lebens zu tun haben will, endet im Nichts, im Tod, im ewigen Tod.

Da der Gott Israels, unser Gott, ein Gott des Lebens ist und uns eine Zukunft schenken will, deshalb fleht Er Sein Volk – und uns! – förmlich an:
„Wendet euch mir zu, und lasst euch erretten, ihr Menschen aus den fernsten Ländern der Erde; denn ich bin Gott und sonst niemand"! (Jes 45,22)

Aus dieser Aufforderung Gottes, die in meinen Augen eine der wichtigsten Botschaften des Alten Testamentes enthält – sie weist ja schon hin auf die Erlösung durch Seinen Sohn! –, entnehme ich, dass die Quelle ein Bild ist für Gottes heilbringende Zuwendung. Sie wirkt auf uns wie frisches Quellwasser, das uns reinigt von dem alten, todbringenden Schmutz, der zwischen uns und dem heiligen Gott steht, das uns erfrischt – uns also Sein neues Leben schenkt.

Wie eine Quelle wendet Er sich uns immer neu zu und wartet darauf, dass wir Sein Angebot annehmen, uns Ihm zuwenden und trinken. Nur so kann Er uns retten. Ist uns eigentlich klar, dass wir Seine Zuwendung unbedingt brauchen, zum Leben, zum Überleben? Hören wir Seinen Ruf, Seine Einladung? Wollen wir Ihn hören? Wollen wir uns retten lassen durch Seine heilende Gegenwart und Sein Erbarmen?

Wenden wir uns Ihm zu und seien wir ehrlich:

**Herr, Du Gott des Lebens!
Wie oft sind mir andere Dinge wichtiger als Du!
Wie sehr bin ich beschäftigt und
vergesse das Wichtigste für mein Leben:
Dich und Deine liebende Zuwendung.
Bitte verzeih mir und lass mich Deine Zuwendung
erfahren und aus ihr leben –
damit ich gerettet werde
und in dieser Beziehung zu Dir wachsen
und in Ewigkeit leben kann. Amen.**

7. Begegnung in der Wüste

In der Bibel ist die Wüste von je her der Ort, wo man Gott in Seiner Majestät und Allmacht erfahren kann. Hier ist der Mensch ausgeliefert, ohne die üblichen Sicherheiten. Er ist auf den mächtigen Gott angewiesen – wie damals das Volk Israel auf seinem Zug durch die Wüste. Es erlebte, *„wie es donnerte und blitzte, wie Hörner erklangen und der Berg rauchte. Da bekam das Volk Angst, es zitterte und hielt sich in der Ferne. Sie sagten zu Mose: Rede du mit uns, dann wollen wir hören. Gott soll nicht mit uns reden, sonst sterben wir.“ (Ex 20,18-21)*
Das Volk war tief beeindruckt von seinem Gott, der sich am Berg Horeb als der Mächtige offenbarte. Das war notwendig – und sie hielten Abstand von

Ihm. Einzig Mose wagte sich hinein in die dunkle Wolke. Er kannte Gott!

Gott suchte Hagar in der Wüste auf. Für sie war Wüste zunächst der einzige Ausweg, dann ein Ort des drohenden Todes und wurde letztendlich durch Den, der ihr begegnete, zum Ort des Gefundenwerdens, des Heils. Dass man Ihm in der Wüste begegnen kann, das wissen die Menschen seit Abraham und Hagar, seit Mose, seit Paulus und den Wüstenvätern bis hin zu denen, die auch heute noch die Wüste aufsuchen in der Erwartung, dort Gottes Stimme hören zu können und Seine Gegenwart zu erfahren. Hier ist man ganz Ohr, hier kann man Ihn besser hören – herausgenommen aus dem vielen Lärm, mit dem unsere Welt uns umgibt.

Denn unser Gott spricht nicht nur mit donnernder Stimme wie damals zu Seinem Volk. Seine leise Stimme, ja, Seine andere Seite lässt sich ebenfalls am besten in der Wüste erleben, auch in der Wüste der Erschütterung, der Verlassenheit – dort, wo wir auf die Stille hören, wo wir auf Ihn angewiesen sind, wo uns nichts ablenkt. Ablenkt von was? Vom Wesentlichen!

Die Wüste – das muss nicht immer ein geographischer Ort sein mit viel Sand und imposanten Felsen. Man kann sie sich auch einrichten – Schweigezeiten einhalten oder Exerzitien besuchen, oder täglich eine feste Zeit im Gebet verbringen, mit Bibellesen. Oder man kann einfach ganz still mit Ihm zusammensein – und das mitten im Alltag, mitten in der Stadt. Manche geraten einfach hinein in die Wüste durch einen dummen Zufall oder Unfall. Plötzlich sind sie alleine – und haben Zeit!

Und genau hier, in solch einer Wüste, zeigt sich Gott von Seiner überraschend anderen Seite. Zum Propheten Hosea sagte Er es ganz direkt – das Unglaubliche:

„Ich will sie in die Wüste hinausführen und sie umwerben." (Hos 2,16)

Ist das wahr? Er will Menschen umwerben? Verstehe ich das richtig, dass Gott sich hier ausdrückt wie ein Liebhaber? Er wirbt um uns?! Das ist doch eigentlich schockierend!

Sicher bist du als Frau in deinem Leben schon umworben worden. Oder als Mann hast du voll Sehnsucht und Zärtlichkeit um jemanden geworben. Umworben wird man üblicherweise von einem „Liebhaber", nicht wahr?

Ja, es ist wahr und gilt heute noch für uns, die wir durch unseren Glauben zu den Nachkommen Abrahams gehören: Gott wirbt um uns wie ein Liebhaber – und das voll Sehnsucht und Zärtlichkeit! Was macht das mit uns?

Und noch eine Überraschung für uns, die wir uns einsam fühlen wie in einer Wüste: Gott wirbt ganz speziell um uns. Er weiß, dass wir dringend auf Ihn angewiesen sind. Denn unser Leid berührt Sein Herz. Schon immer war das so – seit Jahrtausenden! Weshalb sonst setzte Er sich so energisch ein für Witwen und Waisen?!

Mose selbst schildert Ihn so:

„Der Herr, euer Gott, ist ... der Held und der Furchterregende. Er lässt kein Ansehen gelten und nimmt keine Bestechung an. Er verschafft Waisen und Witwen ihr Recht." (Dtn 10,18)

König David besingt Ihn mehrfach ganz ähnlich: *„Preist seinen Namen! Freut euch vor seinem Angesicht! Ein Vater der Waisen, ein Anwalt der Witwen ist Gott in seiner heiligen Wohnung."* (Ps 68,6/Ps 146,9)
Und im Psalm 102 steht ausdrücklich:
„Er wendet sich dem Gebet der Verlassenen zu, ihre Bitten verschmäht er nicht." (V.18)

Dies gilt nicht weniger von Jesus, Gottes Sohn! Er half den Witwen, Verachteten und Ausgeschlossenen, wo er konnte. Er hatte ein feines Gespür für ihre Art, verteidigte sie und stellte sie als Vorbild hin – wie zum Beispiel den Zöllner oder die arme Witwe im Tempel (Lk 18,10 und Mk 12,42). Schön, nicht wahr?

Gott hält zu uns, Er setzt sich für uns ein. Warum eigentlich?
Das hat mit Seinem Charakter zu tun – dass Er das in den Augen der Welt Schwache und Schutzlose nicht übersieht, sondern anschaut, es ehrt, es sogar bevorzugt.
Warum? Weil wir in unserer Situation Sein Herz bewegen. Warum? Weil Er unser zärtlicher Vater ist!

Dass Gott zärtlich ist, wird in unserem Sprachraum fast nie ausgesprochen. Wo andere Nationen z. B. „zärtliches Erbarmen" sagen, heißt es bei uns „barmherzige Liebe" – und da spüren wir aus lauter Gewohnheit das zärtliche Herz Gottes nicht mehr hindurch. Es hat auch viel mit unserer Kultur und unserem Vaterbild zu tun, dem bisherigen. Und in

Zukunft wohl noch mehr mit den fehlenden oder gestressten, sich selbst verwirklichenden Müttern und den vielen Kindern, die nicht in der Geborgenheit ihrer Familien aufwachsen dürfen.

Es hat auch mit Gottes Methode und mit Seinen Maßstäben zu tun: Dass Er meist das Schwache erwählt, um das Starke zu beschämen – „... *damit kein Mensch sich rühmen kann" (1 Kor 1,27-28)*! Dass Er die Niedrigen anschaut und sie schätzt und erhebt – wie es Maria, die Mutter Jesu, in ihrem wunderbaren Lied besingt: *„Denn auf die Niedrigkeit seiner Magd hat er geschaut." (Lk 1,48)*

In Jesus wurde Gott ja selber niedrig – bis zum letzten Atemzug!

Weil so Seine Art offenbar wird.

Weil so das Wesen von Liebe deutlich wird. Liebe macht sich klein!

Weil wir so einsehen könnten, wie verkehrt unser menschliches Denken und Urteilen ist. Wir denken meist in den Kategorien von Macht, materiellem Reichtum und Genuss. Gott denkt und handelt immer in der Liebe.

Und nun muss ich zwei ganz verrückte Fragen stellen: Wenn das stimmt – sind wir, die Alleingelassenen, dann in Gottes Augen womöglich die Bevorzugten? Könnte es sein, dass unsere augenblickliche Not nicht nur ein Schicksalsschlag ist, nicht nur ein bitteres Los, sondern sozusagen eine Chance zu neuen Entdeckungen, neuen Sichtweisen, größeren Dimensionen, gar zu einer Begegnung – der wichtigsten Begegnung und Entscheidung in unserem Leben?

Vielleicht könnten wir Ihm sagen:

> Du Gott,
> der Du überall bist,
> sogar in der Wüste!
> Begegne Du mir hier, spürbar!
> Zeig Du mir, wozu ich mich hier befinde
> – in meiner augenblicklichen Wüste!
> Lass mich Deine Stimme hören,
> Deine Nähe erfahren!
> Bitte!

8. Klartext: Schlimmste Qualen

Du magst jetzt immer noch denken. „Schön und gut, Gott zeigte sich sogar einer heidnischen Sklavin! Aber das ist lange her! So etwas passiert heute nicht mehr. Mir jedenfalls ist Er noch nie begegnet! An mir und meiner Not hat Er kein Interesse! Er weiß ja gar nicht, was das ist, das Verlassensein – wie schlimm das ist!"

Von wegen! Darf ich dir da etwas Aufklärung anbieten – einen Crash-Kurs sozusagen über Gottes Sehnsucht und Seine „Not"?

Versuche einfach mal, Dich in unseren Schöpfergott hineinzudenken! Zuerst bereitete Er alles vor – mit unvorstellbarer Kreativität, Macht und Weisheit: Das Weltall mit Sternen, Sonne und Mond. Dann die Erde mit Land und Wasser, Pflanzen und Tieren

– alles vollkommen sinnvoll und schön und alles für die, die Er schon im Herzen trug. Zuletzt formte Er den Menschen – sein Meisterwerk. Er tat dies mit zärtlicher Liebe. Er schenkte ihnen Leib, Seele und Geist – denn Er wollte Wunderbares von Sich und Seinem eigenen Wesen in den Mann und die Frau hineinbauen. Und Er freute sich maßlos darauf, mit diesen Menschen in herzlicher Verbindung zu leben, sie ständig mit Seiner Zuwendung zu beschenken und sie und all ihre Nachkommen auf ewig glücklich zu machen in seliger Gemeinschaft mit Ihm.

Das ist der Sinn unseres Lebens – meines und deines Lebens. Also darfst du dir jeden Tag sagen: „Ich bin aus Liebe geschaffen! Gott liebt mich schon von Ewigkeit her! Und Er hat große Pläne für mich." – Lässt diese Tatsache unser augenblickliches Elend nicht etwas oder ziemlich kleiner und unwichtiger erscheinen?

Da standen sie nun vor Ihm, die ersten Menschen, sahen zu Ihm auf voller Glück und voller Dankbarkeit – und erfreuten sich an Seiner liebevollen Zuwendung. Und an all dem, was sie einander davon weiterschenken und vom Partner empfangen konnten. Nicht zu vergessen – auch an der herrlichen Natur um sie herum. Es war alles ungetrübtes Glück, reine Wonne!

Doch dann kam der verhängnisvolle Bruch: Die ersten Menschen hörten auf die Lügen des Feindes und ließen sich dazu verlocken, sich gegen ihren Schöpfer zu entscheiden. Sie wollten selber sein wie Gott. Sie wandten sich ab von Ihm und folgten

ihrem eigenen Willen, ihren Wünschen, ihren Ge-
lüsten.

Das war der Anfang der Katastrophe: Nun war
Schluss mit jener vertrauten Freundschaft mit Gott.
Mit dem Leben in Seiner Nähe. Und auch Schluss
mit der Freude aneinander, die ihnen vorher geschenkt war. Denn durch die Trennung von Gott,
von dem alle Liebe ausgeht, war der Liebesfluss un-
terbrochen. In Folge davon wurden die Beziehungen der Menschen miteinander gestört: Adam
klagte schon gleich seine Frau Eva an und schob ihr
die Schuld zu, Kain erschlug seinen Bruder Abel
und das ging so weiter.

Durch die Trennung von Ihm nahm die Sünde unter
den Menschen stetig zu – also Macht und Gier, Hass
und Neid und alles Übel. Und als Folge davon Leid
und Tod, Unterdrückung und Krankheit, Leere und
Verzweiflung. Immer weiter entfernten Seine Geschöpfe sich von Gott. Durch den Propheten Hosea
sprach Er aus, was Er mitansehen musste:

*„Es gibt keine Treue und keine Liebe und keine Got-
teserkenntnis im Land." (Hos 4,1)*

Wie tragisch! Keine Treue – das heißt doch, jeder
verlässt jeden, wann es ihm passt. Keine Liebe –
jeder denkt nur an sich und sein eigenes Wohlerge-
hen und unterdrückt und missbraucht den Mitmenschen. Und das alles, weil die Menschen – selbst
Sein auserwähltes Volk – seinen Schöpfer und Be-
freier nicht mehr kennen, den Gott, der sie immer
noch liebt! Im Gegenteil – Gott musste mitansehen,
dass Ihn keiner hören wollte – wo Er doch ausdrücklich gewünscht, ja, oft und oft geboten hatte:
„Höre, Israel!" Doch sie waren taub für Seine

Stimme und blind für Sein Tun und Seine ausgebreiteten Arme – für Seine Sehnsucht nach ihnen: *„Je mehr ich sie rief, desto mehr liefen sie von mir weg." (Hos 11,2)*

Ist das nicht tragisch? Kannst du das irgendwie nachfühlen, wenigstens ahnungsweise, wie es Ihm dabei ging? Sie liefen weg – sie verließen Ihn! Was für ein Schmerz muss das für Sein Vaterherz gewesen sein – für den Gott, von dem schon in den ersten Kapiteln der Bibel berichtet wird: Es tat *„seinem Herzen weh"*, als Er sah, dass die Sünde unter den Menschen zunahm (Gen 6,6)!

Unser Gott kennt ihn also selbst – den Schmerz des Verlassen-Werdens! Nicht nur aus den frühen Zeiten der Menschheit! Wurde Er nicht durch all die Jahrhunderte hindurch verlassen, wird Er nicht heute noch verlassen von Seinen Kindern, die Er mit viel Liebe erschuf – von Tausenden, Millionen, Milliarden?! Und Er trauert um jedes einzelne – wie ein Vater! Seine Trauer ist unsagbar groß – nicht nur, weil Er sie gerne in Seiner Nähe hätte, sondern noch viel mehr, weil Er weiß, dass Seine Kinder ins Verderben, ins Nichts laufen.

Ist Er nicht dafür zu bewundern, dass Er trotz allem Sein Volk nicht im Stich ließ? Immer wieder rief Er es durch Propheten wieder auf den rechten Weg, immer wieder durften die Menschen erleben, dass ihr Gott zu ihnen hielt.

Doch dann, als endlich die Fülle der Zeit gekommen war, kam Er selbst zu ihnen in Seinem Sohn. Jesus wollte uns Menschen zeigen, und zwar unmissverständlich, dass Gott uns liebt, unendlich und maßlos liebt. Er nahm eine ärmliche Umgebung auf Sich. Er spürte die Angst Seiner Eltern auf der Flucht. Er wuchs als armes Flüchtlingskind auf im fremden Land. Die Frommen und Gelehrten Seines Volkes widersprachen Ihm fortwährend, sie spotteten und verachteten Ihn und wollten nicht glauben, dass Er von Gott her kam. *„Die Seinen nahmen ihn nicht auf"* (Joh 1,11) – wie muss das den Sohn Gottes geschmerzt haben, wo Er sie doch erlösen wollte!

Nicht einmal Seine besten Freunde, mit denen Er drei Jahre gewandert war, blieben bei Ihm. Einer hatte Ihn an Seine Gegner verraten. Am Ölberg flehte Jesus in Seiner Todesangst die übrigen an: „Bleibt bei Mir und wachet mit Mir!" (vgl. Mk 14,34) Er hätte sie jetzt echt gebraucht. Doch sie schliefen. Und dann flohen sie, als es gefährlich wurde. Petrus behauptete am Lagerfeuer im Hof des hohepriesterlichen Palastes sogar, er kenne „diesen Menschen" überhaupt nicht – seinen nun von allen verlassenen Meister, der sie kurz zuvor „Freunde" genannt hatte!

Jesu Liebe war damit immer noch nicht am Ende. Er schaute Petrus an, voll Erbarmen, so dass dieser hinausging und weinte wie noch nie in seinem Leben. Jesus, sein Herr, ertrug falsche Beschuldigung und ließ Sich verurteilen – der vollkommen Unschuldige! Er erlitt grausamste Misshandlung, schleppte mit letzter Kraft Sein Kreuz zur Schädelstätte und ließ Sich daran festnageln. Nur einer der Jünger stand dabei, stand zu Ihm in Seinem Todes-

kampf, in Seinem Tod als Verbrecher. Und Seine Mutter mit ein paar Frauen.

Da hing Er nun, der nur Liebe war. Er wollte alle Strafe für die Sünden der ganzen Menschheit auf Sich nehmen. Und genau hier geschah etwas Über-wältigendes – gerade für uns „Verlassene". Am Hö-hepunkt Seiner Qual, mit letzter Kraft, tat Jesus einen Schrei, bevor Er Seinen Geist aushauchte: *„Mein Gott, mein Gott, warum hast du mich verlas-sen?"* (Mk 15,14; Mt 27,46)

Begreifen wir: Der Sohn Gottes hat am Kreuz frei-willig die äußerste, brutalste Verlassenheit erlitten – die größtmögliche Entfernung von Gott. Denn Er hat alle Schuld der Welt auf Sich genommen, also auch alle Strafe dafür, alles Abwenden von Gott, alles Sich-von-Ihm-Entfernen, allen Fluch, alle Dun-kelheit, allen Schmutz der Sünde.

Was das für Ihn hieß, der seit Ewigkeiten als der herrliche Sohn des Vaters in innigster Gemeinschaft innerhalb der Dreieinigkeit gelebt hatte, kommt auf erschütternde Weise zum Ausdruck in jenem furchtbaren Schrei am Kreuz.

Jesus ging also selbst in die äußerste Verlassenheit hinein. Seither kann kein Mensch mehr sagen: „Gott weiß ja nicht, wie es mir geht!" Er weiß es, Er hat die allerschlimmste Verlassenheit selbst durch-litten – und damit erlöst. Seither sind wir in der Ver-lassenheit, und sei sie noch so grausam, nie allein: Er, Jesus, Gottes Sohn, wartet dort auf uns. Er wartet – auf dich! Er will dir dort begegnen! Er will dich auffangen!

Was uns noch auffallen müsste: Damit wir Menschen genau dies endgültig glauben, versichert Jesus als Auferstandener den Seinen unmittelbar vor Seiner Heimkehr zum Vater:

„Seid gewiss: Ich bin bei euch alle Tage bis zum Ende der Welt." (Mt 28,20b)

Dies ist der letzte Satz der „Frohen Botschaft" des Matthäus. Ist es nicht höchst interessant für uns, die wir uns als Verlassene fühlen: Dass Jesu letzter Satz auf Erden lautete: *„Ich bin bei euch ...!"* Heißt das nicht: Er weiß, dass Verlassensein das Schlimmste ist, was einem Menschen passieren kann? Und dass es das seither eigentlich gar nicht mehr gibt – weil Jesus bei uns ist!

Für uns, die wir die Symbolik des Wassers schon erahnen, ist auch sehr aufschlussreich, dass im Bericht des Johannes der letzte Schrei des Gekreuzigten lautet: *„Mich dürstet!"* So schreit einer, der die absolute Enfernung von der lebensrettenden Quelle, der Zuwendung Gottes, erleidet. Erst nach dieser schlimmsten Qual kann Er sagen: *„Es ist vollbracht!" (Joh 19,28b.30b)*

Und nur in diesem Evangelium wird berichtet, dass der schon tote Leib Jesu mit einem Speer durchstoßen wurde und aus dieser Wunde Blut und Wasser hervorströmten – neues Leben für uns! Erschütternd schön ist dies, nicht wahr? Und entscheidend für unser Leben.

Jesus weiß wahrhaftig, wie schlimm das Verlassensein ist. Wir können Ihm darin begegnen. Dann sind wir nie mehr verlassen.

Wir sollten Ihm dafür danken:

Herr Jesus,
Du hast die gröβte, extremste Verlassenheit
auf Dich genommen!
Ich kann Dir wohl nie genug dafür danken!
Und Du hast Deinen Jüngern versprochen,
dass Du bei ihnen, bei uns bleibst,
bis zum Ende der Welt!
Danke, dass Du Dein Wort hältst!
Und jetzt bei mir bist! Amen.

9. Ein neuer Anfang

Anstatt wie bisher grollend zu fragen: „Warum tut Gott mir das an? Gibt es Ihn überhaupt? Wenn ja, hat Er mich vergessen?", müsstest du doch jetzt gleich fragen – Ihn sogar direkt ansprechen: „Warum habe ich Dich bisher so falsch gesehen, sogar angeklagt? Wie kommt es, dass ich Dich gar nicht kannte oder kennen wollte?" Vielleicht fällt dir etwas ein, das du Ihm dann gleich zum Wegräumen, zur Heilung hinhalten kannst.

Auf jeden Fall aber könntest du Ihm jetzt sagen, dass du Ihn ganz echt, ganz persönlich kennenlernen möchtest. Keine Bange! Das haben vor dir schon viele Menschen getan – und wurden absolut nicht enttäuscht.

Vielleicht will Gott dir genau heute einen neuen Anfang mit Ihm schenken? Denn es ist Sein eigener,
Sein heißer Wunsch, dass du Ihn endlich erkennst,
wie Er ist. Seitdem Er die Menschen schuf, seitdem
es sie gibt, müht Er sich darum, dass sie Ihn hören,
Ihm begegnen, sogar ganz vertraut mit Ihm umgehen. Vertraut?!

Ja, das ist möglich. Im Lauf der Jahre wurde mir
immer mehr bewusst: Gott möchte mir, wie allen
Menschen, Seine Zuwendung schenken. Er schaut
mich an mit Seinem liebevollen Blick und kennt
mich durch und durch. Er wünscht sich, dass ich
lerne, Ihm total zu vertrauen.

Neulich hatte ich mir nachts lange und intensiv Gedanken darüber gemacht, was ich meinen Gästen
am nächsten Tag zum Mittagessen vorsetzen
könnte. Im Gebet am nächsten Morgen hatte ich
den Eindruck, dass Gott mir sagen möchte: „Ich
freue Mich, wenn du dir Zeit nimmst für Mich.
Wenn du über den Tellerrand hinausblickst." Über
diesen Ausdruck war ich erstaunt und merkte
dann, dass ich sehr oft an unnötigen Sorgen hän-
gen bleibe, wo ich Ihm doch vertrauen könnte, dass
Er mir einen guten Einfall schenken würde. Ich
fand es sehr berührend, wie Er mich einerseits zart-
fühlend auf eine Kleinigkeit in meinem Leben aufmerksam machen wollte und mir gleichzeitig den
Blick weiten wollte auf Seine größeren Dimensionen. Auf Seine allmächtige Fürsorge und Seine un-
begrenzten Möglichkeiten.

Gerade bei uns Alleinlebenden drehen sich viele
Gedanken im Alltag um finanzielle Versorgung, um
Haus, Garten und andere Dinge, für die wir uns ja

allein zuständig wissen. Hier will sich Gott als unser Versorger beweisen und uns dadurch freimachen für wichtigere Dinge, die von bleibender Bedeutung sind. Hier ist unser Vertrauen gefragt, das nur im Lauf einer ganz persönlichen freundschaftlichen Beziehung mit Ihm wachsen kann. Wie kommt man aber zu solch einer vertrauten Beziehung zu diesem Gott?

Gott weiß, dass wir von Sünde geprägten Menschen den unbeschreiblichen Glanz und die Wucht Seiner göttlichen Heiligkeit nicht ertragen könnten. Deshalb wurde Er selber Mensch in Jesus Christus. Ihm können wir begegnen, Ihm, Jesus, der Mensch wurde aus Liebe zu uns. Auch heute noch. Ganz nahe will Er uns sein, unvorstellbar nahe: Stell dir vor, Er wünscht sich, dass wir Ihn in unser Herz einlassen!

Das ist Seine frohe Botschaft für uns, die wir alleine am Tisch oder auf dem Sofa sitzen, die wir alleine durch die Wüste wandern: Wir könnten endlich in dieser Stille und Leere das hören, was unsere ganze Einsamkeit in eine traute Zweisamkeit verwandeln kann. Jesus, der Auferstandene, der zur Rechten des Vaters thront, spricht zu jedem von uns:

„Ich stehe vor der Türe und klopfe an. Wer meine Stimme hört, und die Tür öffnet, bei dem werde ich eintreten, und wir werden Mahl halten, ich mit ihm und er mit mir." (Offb 3,20)

Hast du das noch nie gehört oder gelesen oder ernst genommen? Noch nie auf dich persönlich bezogen? Dann wird es aber höchste Zeit – dir zuliebe! Mit der Türe meint Jesus natürlich den Zugang zu unserem Herzen. Er steht davor und wartet, Er drängt Sich nicht herein. Er achtet unsere Freiheit. Er bittet darum, dass wir Ihn einlassen. Und was dann kommt – dass wir dann mit Ihm am Tisch sitzen und mit Ihm zusammen essen dürfen, das ist etwas ganz Kostbares, Einmaliges: Vertraute, innige Gemeinschaft mit Ihm, dem Sohn Gottes! Das gibt es! Viele Menschen dürfen das erleben!

Es ist doch einfach unglaublich, dass dieser große Gott in meinem engen Herzen wohnen will! Und das wird enorme Auswirkungen haben in meinem täglichen Leben, in meinem Denken, Planen, Wollen und überhaupt in allem, was ich Ihm überlasse. Das mit dem Überlassen geht natürlich nicht alles auf einmal, denn wir haben unser Leben lang meist nur für uns selbst gelebt, haben alles selbst entschieden und geplant. Und nun soll Jesus der Chef sein! Das ist sehr gewöhnungsbedürftig. Aber Er hat Geduld und hilft nach – durch das Wirken Seines Geistes. Wir können mit der Zeit immer mehr Ihm überlassen, uns Seiner Gegenwart bewusst werden und in Seine Liebe und Seinen Willen hineinwachsen.

Der große Moment unseres Lebens, da Jesus in unser Herz einzieht, ist die Taufe. Interessant für uns: Dort werden wir in Wasser eingetaucht, untergetaucht oder wenigstens mit Wasser übergossen. Du erinnerst dich: Wasser als Bild für Gottes liebende Zuwendung! Also sind wir seither eingetaucht in Seine Liebe! Wir schwimmen darin! Das heißt: Von da an können wir direkt aus Seiner Liebe leben, mit Ihm leben und so neue Menschen werden.

Doch für viele von uns ist dieses große Ereignis lange her, und vielleicht hat uns nie jemand erzählt, was es Wunderbares für uns bedeutet – oder wir haben es nicht ernst genommen: Dass wir von da an Gottes Söhne und Töchter sind, als solche eine königliche Würde haben – wir ganz gewöhnlichen Menschen!

Falls du das bisher nicht wusstest und nicht gelebt hast, falls von deinem Tauflicht nur noch ein winziges Flämmchen glimmt, dann hast du jetzt eine neue Chance: Du kannst Jesus heute neu einladen in dein Herz – damit du wieder für Ihn brennst. Du kannst für dein Leben und in deiner Situation nichts Bedeutungsvolleres tun! Also:

Herr Jesus Christus!
Du selbst stehst vor meiner Tür und klopfst an.
Danke für Dein Anklopfen, Dein Warten,
Deine Geduld mit mir!
Ja, ich mache jetzt meine Herzenstüre ganz weit auf,
weiter als je zuvor.
Komm herein und wohne in mir!
Fülle Du mein Leben aus!
Sei Du mein Tischpartner, mein Gesprächspartner,
mein bester Freund und vielleicht – noch viel mehr?!
Du sollst das Sagen haben in meinem Leben.
Und ich verlasse mich nun ganz neu auf Dich,
auf Deine Liebe, Dein Sorgen, Deine Gegenwart,
Tag und Nacht. Amen.

Als Zeichen dafür, dass du es ernst meinst, könntest du diese Willenserklärung mit Datum in dein Tagebuch eintragen. Es ist dein zweiter Geburtstag! Um dich daran zu erinnern, dass Jesus nun direkt in deinem Herzen wohnt, und um das täglich neu zu feiern, könntest du von jetzt an den Tisch wieder etwas festlicher decken – mit ein paar Blümchen darauf, vielleicht sogar mit einer aufgeschlagenen Bibel, um immer wieder ein Häppchen aus Seinem Wort genießen zu können.

Um Seine heilige Gegenwart zu ehren, könntest du beim Essen eine Kerze anzünden, und immer wieder nachfragen: „Was willst Du mir jetzt sagen, Herr?" Mit der Zeit wirst du Ihn besser kennenlernen und auch spüren, was Er von dir will.

Ich kann dir versichern, das ist ein ganz neues Lebensgefühl! Und es schafft neue Tatsachen! Wir sind nie mehr allein, denn Der, der in uns wohnt, hat versprochen, dass Er mit uns sein wird alle Tage bis ans Ende der Welt. Du weißt ja: Dies war Sein allerletztes Wort, bevor Er zum Vater heimkehrte! (Mt 28,20) Als Sein Freund, als Christ, bist du also nie völlig allein, auch nicht mitten in der Sahara! Christus lebt in dir!

10. Sein Abschiedsgeschenk

Du hast das Steuer deines Autos, deines Lebens, nun also dem Herrn überlassen. Nun könnte es in Fahrt kommen. Doch – es fehlt der Treibstoff. Egal ob Gas, Diesel oder Superbenzin, ohne Treibstoff läuft es nicht. Hat Jesus den Treibstoff nicht mitgebracht? Ja, schon, denn mit Ihm haben auch der Vater und der Heilige Geist Wohnung bei dir genommen – mit all Ihrer Liebe und Kraft.

Doch du lebst in der Welt – und da ist dein Vorrat an Liebe und Kraft relativ schnell aufgebraucht. Paulus wusste das und rät den ersten Christen: *„Lasst euch* (immer wieder) *vom Geist erfüllen!" (Eph 5,18)*

Auf modern ausgedrückt: „Geht immer wieder zum Tanken! Bittet immer wieder neu um den Heiligen Geist! Ohne Ihn läuft nichts!"

Das können wir auch bei den Aposteln beobachten. Was hatten die alles mit Jesus erlebt! Und Ihn dann sogar als Auferstandenen sehen, hören und sogar berühren dürfen. Doch erst nachdem sie am Pfingstfest Seinen Heiligen Geist empfangen hatten, ging es so richtig los! Erst dann konnten sie Seinen Auftrag erfüllen – in alle Welt zu ziehen und Ihn zu verkünden und die Menschen zu Seinen Jüngern zu machen.

Doch vor Seinem Leiden noch, bei den sogenannten „Abschiedsreden", hatte Er ihnen aufgetragen:
– Sie sollten lieben wie Er.
– Sie sollten in Ihm bleiben, sie würden Großes vollbringen wie Er – und noch Größeres.
– Er habe sie dazu erwählt, dass sie Frucht bringen.

Wohlgemerkt: Jesus sagte diese drei Dinge – Lieben, Großes vollbringen, Frucht bringen –, bevor Er sie verlassen musste! (vgl. Joh 14-16) Ich könnte mir vorstellen, dass Panik in ihnen hochkam, zumindest waren sie im Moment ziemlich verunsichert und verwirrt. Wie sollten sie dies tun, so etwas Schweres, eigentlich Unmögliches – und das auch noch ohne Ihn? Ganz auf sich allein gestellt! Verlassen von Ihm, dem geliebten Meister!

Jesus wusste das, Er las es in ihren Blicken und in ihren Herzen. So sagte Er tröstend: *„Ich werde euch nicht als Waisen zurücklassen."* (Joh 14,18)

„Nicht als Waisen" – diesen Ausdruck dürfen wir Betroffene wieder auf uns, auf alle Verlassenen beziehen. Doch – wie kann Er gehen und seine Freunde und uns trotzdem nicht alleine lassen? Hier die begeisternde Lösung dieses Rätsels: Jesus wird ihnen den Heiligen Geist senden, wenn Er beim Vater ist.

Bis dahin wussten diese Männer wohl nur, dass der Heilige Geist etwas mit der Erschaffung der Welt zu tun hatte, auch einiges mit dem, was die Propheten sagten und taten, und auch mit jener spürbaren Nähe Jahwes im Tempel. Dass Er einmal auf die Ältesten Israels kam, sicher auch über manche Helden und Heldinnen aus ihrer Geschichte – wie z. B. auf Deborah. Doch warum sollten ausgerechnet sie auf Ihn warten?

Stimmte das etwa, was Johannes der Täufer vorausgesagt hatte, dass der Messias mit dem Heiligen Geist und mit Feuer taufen würde? Ja, es stimmte. Sie erlebten dann diese Taufe in Sturm und im Feuer. Und waren hinterher mutig und stark. Petrus hielt sofort eine flammende Rede. Daraufhin ließen sich dreitausend Menschen taufen! War dies nicht schon eines der großen Dinge, die sie vollbringen würden?

Jesus hatte den Heiligen Geist auch den „Beistand" und den „Geist der Wahrheit" genannt, der sie in alle Wahrheit einführen würde. Auch in die Wahrheit über Ihn selbst, dass Er die Person gewordene Liebe zwischen dem Vater und Jesus ist. Paulus beschreibt Sein Wesen einmal so:

„Wir rühmen uns ebenso unserer Bedrängnis, ... denn die Liebe Gottes ist ausgegossen in unsere Herzen durch den Heiligen Geist, der uns gegeben ist." (Röm 5,3.5)

„Ausgegossen"! Merkst du was? Lebensstrom, Wasser des Lebens, das uns zufließt! Die Liebe Gottes, die uns zufließt. Doch sie ist kein „Es", sondern höchst aktive Person, die dich und mich in die Liebe zwischen dem Vater und dem Sohn hineinziehen will! Das ist gewaltig und unfassbar – aber es wirkt sich aus in unserem Leben:

Wenn wir als Getaufte zu Töchtern und Söhnen Gottes geworden sind, macht uns der Heilige Geist fähig, dass wir zum Vater „Abba" sagen können – ganz zärtlich, wie Jesus. Das ist völlig neu in der ganzen Geschichte der Menschheit und aller Religionen. Richtig sensationell! Also wird durch den Geist Gottes die ursprüngliche Beziehung zu Gott wiederhergestellt. Neuschöpfung: Neues, von Gott geschenktes Leben!

Auch unsere Beziehung zu Jesus wird ganz anders, ganz lebendig – einfach immer glühender –, sobald wir uns vom Heiligen Geist füllen, ja, ergreifen lassen. Wir lesen und hören Seine Worte ganz neu, wir nehmen Ihn in unserem Leben viel unmittelbarer wahr und können nun das, was Er für uns getan hat, viel besser mit dem Herzen begreifen, nicht nur mit dem Kopf. Und so wird unsere Freundschaft mit Ihm immer vertrauter, unser Herz immer glühender und unser Wunsch, Ihn zu verkünden, immer brennender. Dies ist keine bloße Theorie, kein Wunschtraum, sondern Erfahrung.

In den letzten hundert Jahren wurde der Heilige Geist förmlich wiederentdeckt. Millionen von Christen weltweit durften und dürfen Sein Wirken erfahren. Als wir vor etwa dreißig Jahren davon hörten und Jesus baten, dass Er auch uns neu mit Seinem Geist erfüllen möge, da begann ein spannendes Leben für uns. Wir wurden neu von Seinem Feuer durchströmt, wussten uns ganz sicher als Söhne und Töchter Gottes und konnten und können heute noch mit ganzem Herzen singen:

Vater, ich komme jetzt zu Dir,
als Dein Kind lauf ich in Deine Arme.
Ich bin geborgen, Du stehst zu mir, lieber Vater!
Vater, bei Dir bin ich zuhause,
Vater, bei Dir berge ich mich.
Vater, bei Dir finde ich Ruhe,
o mein Vater, ich liebe Dich.
Vater, Du gibst mir, was ich brauch',
Du empfängst mich mit offenen Armen.
Du füllst all meine Sehnsucht aus, lieber Vater!
Vater, bei Dir bin ich zuhause,
Vater, bei Dir berge ich mich.
Vater, bei Dir finde ich Ruhe,
o mein Vater, ich liebe Dich.
(Text: Daniel Jacobi)[2]

Wir durften erleben, dass uns als Kindern Gottes der Reichtum des Vaters zur Verfügung steht – zum

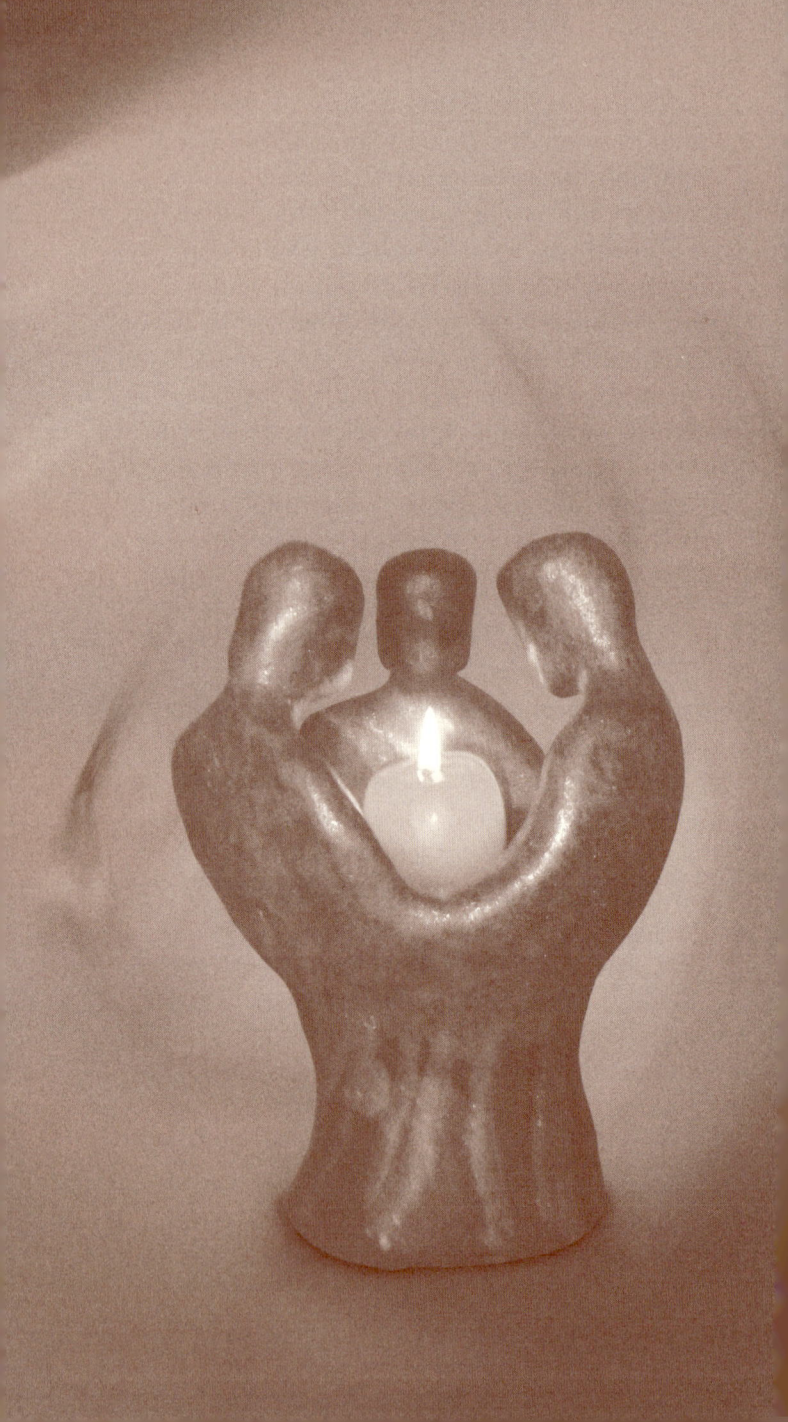

Beispiel die verschiedensten Gaben (vgl. 1 Kor 12,8 ff). Unsere Beziehungen zueinander wurden liebevoller und herzlicher. Wir beteten füreinander und erlebten große und kleine Wunder – innere und auch körperliche Heilung. Wir sprachen einander Worte von Gott her zu, die haarscharf in die Situation passten und spürbar Trost und Hilfe waren. Wir konnten viel leichter und sicherer als früher Lüge von der Wahrheit unterscheiden. Wir bekamen immer größere Lust daran, in der Heiligen Schrift zu lesen und Gott mit unseren Liedern zu ehren. Wir fanden auch tiefere Liebe zu unserer Kirche und vieles mehr. Und vor allem brannten wir darauf, dieses neue Glück mit anderen zu teilen.

Wenn du also in dieser wunderbar familiären Beziehung zum lebendigen Gott leben und darin wachsen willst, dann brauchst du unbedingt den Heiligen Geist. Und nicht nur an einem Punkt deines Lebens, sondern immer wieder. So wie du immer wieder neuen Kraftstoff in den Tank deines Autos füllen musst, so darfst du immer neu um Ihn bitten.

Du erinnerst dich an die drei Dinge, die Jesus Seinen Freunden auftrug: Lieben, Frucht bringen, Großes vollbringen? Nur im Heiligen Geist ist so etwas möglich! Auch wir sind Seine Freunde.

Jesus hat uns sogar garantiert, dass der Vater unsere Bitte um den Heiligen Geist gerne erhören wird, denn als liebender Vater wird Er Seinen Kindern doch nicht das Beste vorenthalten, das Er uns schenken kann! Jesus drückte das so aus – echt überzeugend:

„Wenn nun schon ihr, die ihr böse seid, euren Kindern gebt, was gut ist, wie viel mehr wird der Vater im Himmel den Heiligen Geist denen geben, die ihn bitten." (Lk 11,13)

Bitten! Probier das am besten gleich aus und bleibe daran, bis deine Bitte erfüllt wird! Oder nimm an einem Seminar teil, wo du lernen kannst, wie man sich im Leben vom Heiligen Geist führen lässt. Und bitte dann einen geisterfüllten Menschen, dir die Hände aufzulegen und für dich um eine neue Erfüllung mit dem Geist Gottes zu beten. Mit neuem Feuer beschenkt wirst du immer mehr fähig zu lieben wie Er, und dein Leben wird reiche Frucht bringen!
Bete weiter um Ihn bei jeder Gelegenheit, denn du brauchst Ihn jeden Tag!

Sicher willst du nun den Geist Gottes besser kennenlernen. Dann geh zuerst zur Schrift-Quelle und lies das Neue Testament und die Apostelgeschichte, als ob es das erste Mal wäre – aber diesmal mit der Hilfe des Geistes. Bitte Ihn einfach, dir die Augen zu öffnen und das Herz, und auch du wirst viel Faszinierendes über den Heiligen Geist finden, wie Er Neues schafft, die Menschen formt und heilt, stärkt und führt, uns sogar heiligt.

Hier ein uraltes Gebet zum Heiligen Geist, aus dem wir auch ersehen können, was Er alles an uns tut, und was für Erfahrungen die Menschen schon seit dem ersten Pfingstfest mit Ihm gemacht haben:

Komm, heiliger Geist,
und sende vom Himmel her
Deines Lichtes Strahl.
Komm, Vater der Armen,
komm, Geber der Gaben,
komm, Licht der Herzen.
Bester Tröster,
süßer Gast der Seele,
süße Erfrischung.
In der Mühe bist Du Ruhe,
in der Hitze Kühlung,
im Weinen Trost.
O seligstes Licht,
erfülle das Herzensinnere
Deiner Gläubigen.
Ohne Dein göttliches Walten
ist nichts im Menschen,
ist nichts unschuldig.
Wasche, was schmutzig ist,
bewässere, was trocken ist,
heile, was verwundet ist.
Beuge, was starr ist,
wärme, was kalt ist,
lenke, was vom Weg abgekommen ist.
Gib Deinen Gläubigen,
die auf Dich vertrauen,
die siebenfache heilige Gabe.
Gib der Tugend Verdienst,
gib dem Heil Erfüllung,
gib beständige Freude.[3]

11. Der Gott allen Trostes

Eine kühne Behauptung – oder gar ein neuer Name für Gott? Darf man das so einfach? Und wer darf das tun? Die ägyptische Sklavin Hagar wagte es – aus Begeisterung. Sie gab dem Gott Abrams den Namen, wie sie Ihn erlebt hatte. Und andere auch, die Ihn erlebt hatten – im Alten Testament. Als Versorger, zum Beispiel. Oder als Der, der heilt. Vor allem als der Barmherzige!

Aber dieser Name, der „Gott allen Trostes", steht im Neuen Testament – geprägt vom wohl eifrigsten Theologen seiner Zeit! Der übrigens nach seiner Begegnung mit Jesus drei ganze Jahre in der arabischen Wüste brauchte, um ganz umzudenken!

Er wusste, was er schrieb. Er wusste und wollte sicher, dass dieser Brief an allen möglichen Orten der damaligen Welt vor vielen Menschen vorgelesen werden würde – vor vielen Menschen, die es nötig hatten. Wahrscheinlich ahnte er nicht, dass wir, fast zweitausend Jahre später, diesen Brief immer noch lesen oder hören. Es ist sein zweiter Brief an jene Menschen in der Hafenstadt Korinth, die ihm schon viel Sorgen bereitet hatten, die er aber trotzdem „Heilige" nennt, weil sie als Christen zu Gott, dem Quell der Heiligkeit, gehören.

Gleich zu Beginn des Briefes preist er Gott und nennt Ihn „den Gott allen Trostes" (2 Kor 1,3). Ihr Gott, der Gott der Christen, sei der Gott allen Trostes, behauptet Paulus, von dem wir hier sprechen. Eine kühne Behauptung? Paulus lügt nicht, übertreibt nicht – er will ja nicht Menschen gefallen, sondern Gott, wie er an anderer Stelle schreibt. Wir dürfen ihm glauben: Er hat diesen Trost erfahren, oft und oft.

Im Kapitel 11 des gleichen Briefes berichtet er über sein Leben: *„Ich ertrug mehr Mühsal, war häufiger im Gefängnis, wurde mehr geschlagen, war oft in Todesgefahr. Fünfmal erhielt ich von den Juden die neununddreißig Hiebe, dreimal wurde ich ausgepeitscht, einmal gesteinigt, dreimal erlitt ich Schiffbruch, eine Nacht und einen Tag trieb ich auf hoher See. Ich war oft auf Reisen, gefährdet durch Flüsse, gefährdet durch Räuber, gefährdet durch das eigene Volk, gefährdet durch Heiden, gefährdet in der Stadt, gefährdet in der Wüste, gefährdet auf dem Meer, gefährdet durch falsche Brüder. Ich erduldete Mühsal und Plage, durchwachte viele Nächte, ertrug Hunger und Durst, häufiges Fasten, Kälte und Blöße ...“ (2 Kor 11,22-27)*

Nach all dem schreibt Paulus: *„Er tröstet uns in all unserer Not“* – und meint den „Gott allen Trostes“! Offensichtlich hatte er es erlebt, hatte Ihn erlebt! Schon von Jugend auf hatte Paulus an den Gott Israels geglaubt – glühend, leidenschaftlich. Und war perfekt in der Kenntnis der biblischen Bücher. Dann, auf dem Tiefpunkt seiner „Karriere“ als Christenverfolger, war er Ihm begegnet – Jesus persönlich. Zunächst war dies solch ein heiliger Schock für ihn gewesen, dass er drei Tage blind war und nichts aß und nichts trank (vgl. Apg 9). Interessant, was der Mann Hananias aus Damaskus zu ihm sagte, als er ihm die Hände auflegte:

„Bruder Saul, der Herr hat mich gesandt, Jesus, der dir auf dem Weg hierher erschienen ist; du sollst

wieder sehen und mit dem Heiligen Geist erfüllt werden." (Apg 9,17)

Paulus konnte plötzlich wieder sehen – alles, was um ihn herum war. Doch durch den Heiligen Geist, der nun in ihm war, konnte er noch viel Tieferes sehen: All die wunderbaren, bisher unentdeckten Zusammenhänge im Heilsplan Gottes, all das Große, das Gott denen bereitet hat, die Ihn lieben – und das seit Anbeginn (vgl. 1 Kor 22,9). Er erlebte an sich und den anderen Christen so sehr die Kraft des Geistes Gottes, dass er zu seinen Korinthern sogar sagt:

„Wisst ihr nicht, dass euer Leib ein Tempel des Heiligen Geistes ist, der in euch wohnt und den ihr von Gott habt?" (1 Kor 6,19)

Jesus, der ihn zum Völkerapostel berufen hatte, war nie von seiner Seite gewichen, hatte ihm in jeder Situation beigestanden, war zu ihm gestanden, als Menschen ihn verrieten, auslachten und verleumdeten. Er hatte ihm immer wieder Weisung und Ermutigung gegeben, hatte ihm treue Freunde geschenkt und ihn erleben lassen, dass seine Botschaft angenommen wurde, und dass viele, viele Menschen sich seinem Herrn, dem Messias Jesus zuwandten, den er verkünden durfte.

In einer gewagten Beschreibung drückt Paulus diese unsichtbare All-Gegenwart seines Gottes aus:

„... keinem von uns ist er fern. Denn in ihm leben wir, bewegen wir uns und sind wir ..." (Apg 17,28)

Für jene griechischen Philosophen in Athen mit ihren vielen kleinen Göttern war diese Aussage sicher alarmierend neu und höchst interessant.

Doch uns würde Paulus das vielleicht so erklären: „Ich war wunderbar geborgen in der Liebe Gottes – selbst als ich von allen Seiten in die Enge getrieben wurde, als ich verfolgt, verleumdet, geschmäht, ausgelacht, verraten, niedergestreckt, dem Tod ausgeliefert wurde – immer hüllte mich Seine Liebe ein. Meistens spürte ich dies in meinem Herzen, doch manchmal zeigte der Herr auch Seine Macht für alle sichtbar. Zum Beispiel, als ich mit Silas im Gefängnis war, unsere Füße im Block, und wir trotz allem unseren Herrn laut priesen. Da plötzlich gab es ein Erdbeben, die Türen sprangen auf, und uns fielen die Fesseln ab. War das eine Überraschung! (vgl. Apg 16) Und als ich gesteinigt wurde und wie tot da lag, da richtete der Herr mich liebevoll wieder auf und heilte mich, so dass ich Ihn weiterhin verkündigen konnte (vgl. Apg 14). Lies selber nach, was ich noch alles mit unserem Herrn erlebte, der mich nie verlassen und mich immer getröstet hat."

Und da suchen wir noch Trost bei allen möglichen anderen Trösterchen und lassen uns das auch noch etwas kosten! Sind wir noch zu retten!?

Herr Jesus, bei all dem, was Paulus mitgemacht hat,
da könnte es einem ja Angst werden, echt!
Doch ich vertraue Dir, dass Du weißt,
was Du mir zumuten kannst.
Vielleicht werde ich später
hinter sein Geheimnis kommen und verstehen,
warum Du dem Paulus so viel zugemutet hast.
Und warum er dabei nicht verzweifelte.
Du Gott allen Trostes, schenke auch mir jetzt
den Trost, den ich brauche! Amen.

Teil II

Hindernisse

12. Kein Eintritt!

„Aber mir ist Gott fern", könntest du jetzt sagen, „immer noch! Wo ich doch wirklich jemanden brauche, der mir zuhört, dem ich meinen Jammer bringen kann! Der mich tröstet und mir meine Fragen beantwortet!"

Dann wende dich doch noch einmal ganz entschlossen im Gebet an Ihn, klage Ihm alles und stelle Ihm deine Fragen. Vielleicht kommen auch dir Antworten in den Sinn, die von Ihm sein könnten. Nimm dir wirklich Zeit, setz dich in deinen Gebetssessel, vor ein Kreuz, in deine Kirche oder einfach an den Tisch und zünde eine Kerze an. Dann fang an – nicht gleich mit den Beschwerden, sondern versuche mal, Gott für alles zu danken, was dir einfällt. Und besonders dafür, dass Er jetzt da ist, obwohl du Ihn nicht spürst. Vielleicht schaffst du es auch, Ihm ein Lied zur Begrüßung zu singen – „Lobe den Herren" oder so! Danken und Singen öffnet nämlich unser Herz für Ihn.

Dann sprich ganz ehrlich mit Ihm. Könnte das etwa so verlaufen? Das folgende Gespräch ist zum großen Teil frei erfunden und es geht heikle Fragen sehr, sehr direkt an. Doch vielleicht ist es ein Denkanstoß für manche von uns? Der Einfachheit halber schreibe ich nun für Gott „G" und für dich „NN".

NN: Also, jetzt versuch ich es eben mal. Ob Du auch mit mir sprichst?

G: Gerne! Ich freu Mich, dass du dir Zeit nimmst für Mich!

NN: Echt?

G: Ich sehe doch deine Not. Sprich sie aus!

NN: Du, Herr, bei mir tut sich nichts. Ich wollte Dir meine Herzenstür öffnen, habe um Deinen Geist gebeten, aber da ist einfach nichts geschehen. Heute früh im Gottesdienst habe ich sogar ganz ernsthaft mitgesungen: „Jesu mein, komm herein, leucht in meines Herzens Schrein!" – Du, warum kommst Du nicht in mein Herz?

G: Da ist kein Platz für mich!

NN: Kein Platz? Wieso?

G: Weil alles voll ist und dunkel.

NN: Stimmt. Das Dunkle – die Trauer ist noch da.

G: Sie beherrscht dich!

NN: Beherrscht mich? Oh?! … Ja, sie drückt mich nieder und ich kann mich nicht wehren. Klar – bei dem, was ich erlebt habe! Was ich verloren habe!

G: Ich verstehe dich! Trauern ist wichtig. Aber das geht schon allzu lange! Das soll doch nicht so bleiben – oder? Du, Ich möchte dir helfen! Darf Ich?

NN: Okay. Ich bin bereit. Fang an!

G: Als erstes: Lass ihn endlich ganz los, deinen Mann. Du hältst ihn innerlich noch fest umklammert. Dein Festhalten an ihm behindert dich und ihn! Ich hatte ihn dir für lange Jahre geschenkt. Bedenke, er hat nicht dir gehört.

NN: Aber das fällt mir brutal schwer. Ich liebe ihn doch!

G: Liebe will immer das Beste für den anderen. Er hat es jetzt gut bei Mir. Glaubst du das? Du brauchst dich nicht mehr um ihn zu sorgen, das kann Ich viel besser.

NN: Hm. Das stimmt eigentlich ... Also, ich überlasse ihn Dir! Ganz! Ich lasse los. Sag ihm bitte einen lieben Gruß von mir!

G: Gerne! Und nun halte dich an Mir fest, an Meiner Liebe und Treue!

NN: An Dir? Ja, das will ich tun ... Mir geht's schon etwas besser.

G: Wir sind noch nicht fertig. Du bist noch nicht frei. In deinem Herzen steht noch einiges, was nicht hineingehört. Vor allem die Gitter – die müssen entfernt werden.

NN: Gitter? Wie in Gefängnissen? Woher kommen die? Ist hier jemand eingesperrt?

G: Ja. Du selbst. Sozusagen. Könnte es sein, dass Du Schuldgefühle hast – ihm gegenüber?

NN: Oh, Du weißt das! Du kannst in mein Herz sehen! – Ja, schon. Das Gefühl plagt mich, dass ich keine ideale Frau für ihn war. Ich hätte mehr für ihn tun können. – Sag ihm bitte, dass es mir leid tut.

G: Er hat es dir vergeben. Und du, vergib dir jetzt endlich selber.

NN: Kann ich das? Das ist gar nicht so einfach.

G: Du kannst es tun – in Meinem Namen!

NN: Ich versuch's: In Deinem Namen, Herr Jesus,

verzeihe ich mir alles, was ich an meinem Mann versäumt habe, wo ich nicht liebevoll genug war. – Oh, bitte, Herr, verzeih Du es mir auch!

G: Sehr gerne. Übrigens – dein Mann bittet dich auch um Vergebung für manches, du weißt ...! Willst du ihm die gewähren?

NN: Natürlich, er war halt so! Ich will ihm das nicht mehr übel nehmen. Ja, ich vergebe ihm alles.

G: Wunderbar. Nun kann ich endlich die Gitter entfernen.

NN: Wäre das schön! Dann bin ich frei. Dann kann ich aufatmen.

G: Nicht nur das. Du kennst doch Mein Wort: „Meine Freude gebe ich euch"!

NN: Die bräuchte ich schon! Bitte, schenke mir wieder Freude am Leben! Und vielleicht auch Freude an Dir?

G: Ja, gerne. Doch ...

NN: Du zögerst.

G: Das hat seinen Grund. Wie geht's denn deinem Herzen jetzt?

NN: Hm, mein Herz – da klemmt noch etwas. Es ist tatsächlich ziemlich verschlossen seit ...

G: Ziemlich, allerdings. Möchtest du dir mal überlegen, warum das so ist?

NN: Hm. Ich muss ganz ehrlich zugeben, ich war enttäuscht. Echt enttäuscht ... von Dir! Dass Du mir mein Liebstes genommen hast. Dass Du das nicht verhindert hast! Du hättest ihn heilen können. Wir hatten doch so viel gebetet! Warum hast Du das nicht getan?

G: Ganz einfach, wie alles: Aus Weisheit und aus Liebe.

NN: Nennst Du das Liebe? Sieht so Deine Liebe aus?

G: Ja. Schau Mich an – wie Meine Liebe aussieht!

NN: Wie??

G: Komm zum Kreuz!

NN: Was soll ich da?

G: Sehen, wie Ich dich liebe!

NN: Oh! Die vielen Wunden! Die Nägel, die Dornen-krone! Diese Grausamkeit! Ich möchte das eigentlich gar nicht anschauen. Oder doch – wenn Du es willst. ... Das hast Du Dir antun lassen – auch für mich!?

G: Das bist du mir wert.

NN: Kaum zu glauben!

G: Ich lüge doch nicht!

NN: Bitte, verzeih!

G: Ja, gerne. Ich weiß, es fällt euch Menschen nicht leicht, die Folgen eurer Schuld anzuschauen. Und euch derart beschenken zu lassen. Doch glaube Mir, dass Ich auch für dich Unsägliches gelitten habe und daran gestorben bin. Ich habe das aus Liebe getan.

NN: Oh! Kann ich Dir je genug dafür danken?

G: Nein, wohl nicht. Aber trotzdem: Empfange nun Meine Liebe! Ich will dich gesundlieben, meine Tochter! Lass sie in dich einströmen, jeden Tag neu ... Und irgendwann einmal wirst du einsehen, dass auch das Liebe war, was Ich dir zugemutet habe – dass dein Mann starb.

Bemerkung: Es ist unser größtes Privileg, dass wir zu Gott Vater sagen dürfen. Dass wir mit Ihm sprechen dürfen wie Kinder zu ihrem Vater. Und mit Jesus dürfen wir sprechen, wie zu einem Freund.

Er ist da, hört zu und antwortet – allerdings nicht immer hörbar, nicht immer mit Worten, aber öfter, als wir denken. Wenn wir im vertrauten Umgang mit Ihm wachsen, werden wir auch immer hellhöriger für das, was Er zu uns sagen möchte.

Das, was wir dann als seine Antwort zu hören meinen – oft sind es echte Überraschungen –, das müssen wir prüfen, ob Gott so reden könnte, am besten mit einem erfahrenen Seelsorger zusammen. Selbstverständlich muss alles dem Wort Gottes, der Bibel, entsprechen.

Herr,
Du siehst auch in mein Herz hinein –
was da noch klemmt,
was da noch an altem Groll rumliegt,
was sich alles breit gemacht hat
und Dir den Platz versperrt.
Nimm mir bitte die Angst vor Dir,
denn Dein Blick ist doch gütig
und erbarmend und
Du vergibst gerne, wie man sagt.
Ja, ich will mich jetzt Dir hinhalten,
so dass Du auch mich
befreien und heilen kannst.
Danke, dass Du meine Probleme lösen willst!
Lass mich Deine Stimme hören, Herr,
und Deine Liebe spüren!
Danke, dass Du auch mich
gesundlieben willst!
Amen.

13. Mitten in der Katastrophe!

Beim obigen Gespräch war es eine Witwe, bei der noch manches aufzuräumen, zu lösen war. Bei dir ist die Situation vielleicht eine ganz andere.

- Stehst du noch mitten in der verheerenden Katastrophe?
- Bist du tief gekränkt, verletzt, voller Selbstvorwürfe und Zweifel an dir selbst, voller Vorwürfe gegen deinen Partner, der dich verlassen hat? So etwas zu erleiden ist sicher noch schlimmer, als den Tod des Partners verkraften zu müssen. Denn da kommt noch die riesige Enttäuschung dazu.
- Dein Vertrauenkönnen ist wohl total am Boden?
- Kämpfst du gegen Eifersucht, Rachegedanken, sogar Hass?
- Ist dir alles geraubt worden, was dein Leben sinnvoll machte?
- Und verurteilen dich womöglich die anderen?
- Machen sie einen weiten Bogen um dich herum?

Dann gibt es nur eines: Geh zu Jesus, am besten vor sein Kreuz. Sei ganz ehrlich und vertusche nichts. Und lass alles los. Das Loslassen, von dem im Gespräch oben die Rede war, vor allem das Vergeben, das gilt auch für dich. Es wird auch dich frei machen und offen für alles Schöne, was Gott dir noch schenken möchte in deinem Leben.

Versuche, wenigstens vergeben zu wollen, und sprich es aus im Namen Jesu – auch wenn deine Gefühle noch total dagegen rebellieren. Du wirst

das sicher eine Zeit lang immer wieder tun müssen. Und dann erwarte und empfange Seine Liebe und Seine Kraft. Sie ist unerschöpflich!

Was mir bei solchen Trümmerhaufen immer hilft: Ich rufe den Namen Jesu darüber aus. Das ist eine aggressive Strategie, die aber sinnvoll und überaus erfolgreich ist, denn Sein Name ist der höchste über allen Namen – und alles muss sich Ihm beugen.

Damit stehst du übrigens schon auf der anderen Seite, der Siegerseite, und bist nicht mehr nur geplagtes Opfer!

Es ist auch gut, dich bei einem Seelsorger auszusprechen. Oder schreibe dein eigenes Gespräch in dein Tagebuch! Ganz ehrlich! Der Geist Gottes möge dir helfen!

Wende dich an Ihn! Fang ruhig an mit:

Hilfe!!!!!
Hol mich da raus!
Du siehst ja:
....

14. Gott ist anders

Vielleicht spürst du, dass zwischen Ihm und dir immer noch eine Mauer steht oder ein mächtiger Felsbrocken oder eine dicke Glaswand, wo nichts durchkommt. Kein Problem! Der Heilige Geist, der Geist der Wahrheit, wird dir zeigen, was für Hindernisse zwischen dir und Gott liegen.

Es gibt nämlich handfeste Gründe in uns, warum wir uns so weit entfernt von Gott fühlen. Das ist vor allem unsere Schuld, jede Art von Sünde. Wenn wir sündigen, dann kehren wir uns ab von Ihm. Sünde ist alles, was wir gegen die Liebe, gegen Gottes Willen tun oder unterlassen. Sie kommt aus unseren falschen Haltungen, wie Neid, Habsucht, Stolz, die uns regelrecht beherrschen. Und manches andere – wie z. B. Gleichgültigkeit und Bequemlichkeit.

Doch seitdem Jesus für uns gestorben ist, können wir unsere Schuld mit reumütigem Herzen vor Ihn tragen. Und Er vergibt uns alles. Alles – du hast recht gelesen! Was für eine Chance wir haben! Als katholische Christin würde ich solche Dinge mit dem Herrn im privaten Gebet, im persönlichen Gespräch mit Ihm, ausmachen. Jedoch die Sünden, die ich erkannt habe, würde ich auch noch im Sakrament der Versöhnung bei einem Priester bekennen – denn durch jedes unserer Vergehen wird auch der Leib der Kirche verletzt. Und am Ende der Beichte höre ich dann laut, dass der Herr mir vergeben hat! Das ist so herrlich befreiend! Du solltest mich mal sehen, mit welch neuer Freude und Liebe ich jeweils nach Hause gehe, wenn ich Jesus im Sakrament der Versöhnung begegnet bin und Sein riesiges Erbarmen erfahren durfte! Probier das doch auch mal wieder aus!

Oder gehörst du zu denen, die diese Chance nicht ergreifen, die überhaupt nicht mit der Möglichkeit rechnen, dass Gott sie je wieder anschaut und ihnen helfen möchte? Du hast doch gelesen, dass du Ihm ganz wichtig bist! Dass Er dich liebevoll anschaut! Dass Er sogar Sehnsucht nach dir hat! Das darfst du mir glauben.

Womöglich willst du Ihm gar nicht so nahe kommen? Ein kurzer Test: Kannst du mit Leichtigkeit und Vertrauen folgendes Gebet sprechen – formuliert von Charles de Foucauld, einem Mann, der lange in der Wüste lebte:

> „Mein Vater, ich überlasse mich Dir;
> mach mit mir, was Dir gefällt.
> Was Du auch mit mir tun magst,
> ich danke Dir ..."[4]

Oder kriegst du da alle möglichen Ängste? Woher kommt das? Dem müssen wir nachgehen:

Was für ein Bild von Gott trägst du eigentlich in deinem Kopf und, meist unbewusst, in deinem Herzen? Ist Er der Strenge, Unerbittliche, Grausame, der dir immer wieder eins reinhaut?

Oder der Kleinliche, gar der Hinterlistige? Da liegst du total falsch! Doch auch dieses Problem ist lösbar und Gott hat größtes Interesse daran, dass es gelöst wird!

Unsere Vorstellung von Gott wird nicht primär im Religionsunterricht grundgelegt, sondern zum großen Teil in der Weise, wie wir unsere Eltern in der frühesten Kindheit erlebt haben. Fragen wir uns an diesem Punkt:

- War ich meinen Eltern willkommen?
- Schenkte meine Mutter mir die Geborgenheit, die ich als kleines Kind brauchte?
- Gab mir mein Vater die Bestätigung, dass er mich schätzt?
- Wurde ich auf Leistung getrimmt? Und bei Versagen allzu streng bestraft?
- Beteten meine Eltern mit Ehrfurcht und mit herzlichem Vertrauen zu Gott?

Auch spätere gute oder schmerzliche Erfahrungen mit Geschwistern, Lehrern, Freunden, Priestern, Vorgesetzten prägen unser Selbstbild und damit auch unser Gottesbild.

Falls wir da noch Mängel oder Verletzungen entdecken, vielleicht auch eine gewisse Angst oder Misstrauen gegenüber Gott empfinden, und sei es noch so leise, ist es höchste Zeit, unseren gütigen Vater im Himmel um Heilung zu bitten. Das gibt es wirklich, und Er will uns dies schon lange schenken. Echt und spürbar.

Da solche frühen Prägungen, Schwüre und Verletzungen oft tief ins Un- und Unterbewusste verdrängt und fest zugedeckt wurden, damit wir überhaupt überleben können, brauchen wir hier jemand, der uns besser kennt als wir selber, und der solche Wunden aufdecken und heilen kann. Nein, keinen Hellseher, sondern hier wieder den Heiligen Geist.

Und wir brauchen weise christliche Seelsorger – also auch wieder Menschen! –, die mit uns im

Gebet vor den gütigen Vater im Himmel treten, der uns liebend gerne heilen möchte.

Ich selbst durfte das oft und oft erfahren. Als ich das erste Mal mit einer Seelsorgerin zusammen für mich um Heilung gebetet hatte, war ich hinterher total berührt von der Tatsache, dass der große Gott mich meint, mich und meine Verletzungen, die mir bisher noch gar nicht so bewusst gewesen waren, so genau kennt! Und dass Er mich heilen und beschenken will – mich, trotz all meiner Schwächen! Wie barmherzig Er ist, wie großzügig, sogar zärtlich! Ich konnte Ihm immer wieder singen:
„Du bist mein Schutz, bewahrst mich vor Not. Du rettest mich und hüllst mich in Jubel!" (Ps 32,7)

Auf diese Weise hat sich mein Gottesbild verändert. Wie das des Mose. In seinem Lied, das wir im dritten Kapitel gelesen haben, klingt es ein paar Strophen später fast wie eine Beschreibung seiner eigenen Erfahrungen:
„Er fand ihn in der Steppe, in der Wüste, wo wildes Getier heult. Er hüllte ihn ein, gab auf ihn acht und hütete ihn wie seinen Augenstern, wie der Adler, der sein Nest beschützt und über seinen Jungen schwebt. ..." (Dtn 32,10)
Ist das nicht ein bewegendes Lied – gesungen von diesem großen alten Mann? Da klingt dankbare Bewunderung durch und tiefe Einsicht in das Wesen seines Gottes. Er hatte den „Ich bin da" in der Zwischenzeit ganz persönlich kennengelernt, sogar mit Ihm gesprochen, mit Ihm gelebt – wie mit einem Freund.

Vater, wenn Du anders bist,
wenn das Bild, das ich von Dir habe,
ein falsches ist,
dann bitte lösch das aus
und schenke mir das wahre Bild von Dir!
Bitte heile die Ursachen, durch die
diese Lügen über Dich in mir entstanden sind.
Heile auch meine Erinnerung
und hilf mir, den Menschen zu vergeben,
durch die ich verletzt wurde.
Ich bitte im Namen Jesu,
der für das alles gestorben ist!
Hüte auch mich wie Deinen Augenstern
und hülle auch mich in Jubel! Amen.

15. Ganz zu!

Ich habe einen wunderschönen alten Bier-
krug von meinem Vater geerbt – sogar einen
mit Zinndeckel. Der soll die kleinen Fliegen abhal-
ten. Doch wenn neuer Gerstensaft eingeschenkt
werden soll, muss man den Deckel aufmachen.
Klar!? – Für Frauen: In Amerika bestellt man Kaffee,
und der wird immer wieder nachgeschenkt. Wenn
mir die Bedienung also wieder Kaffee auffüllen
will, halte ich doch nicht meine Hand drauf, oder?
Was will ich damit illustrieren? Dass es Menschen
gibt, die nichts nachgeschenkt bekommen können,

weil sie den Deckel nicht aufmachen oder ihre Hand drauf haben. Das gilt auch für alles, was Gott uns nachschenken möchte.

Gegen Ende meines letzten Seminars für Witwen bemerkte ich eine Frau, die im Gegensatz zu den meisten anderen Teilnehmerinnen noch sehr fins-ter dreinschaute. Ich ging auf sie zu und musste im Gespräch mit ihr feststellen, dass sie in sich einen richtigen „Hass" auf Gott trug, „weil er ihr den Mann genommen" hatte. Ihr Herz war verschlossen und hart geworden. Gott konnte ihr keinen Trost schenken. Es war nun höchste Zeit, mit ihr ins Ge-spräch zu treten über ihr Problem mit Gott.

Neulich hatte ich ein Telefongespräch mit einer Freundin aus der Jugendzeit. Sie berichtete, sie sei am Erblinden. Ich sprach von Gebet. Sie, ganz schroff: Nein. Gott höre kein Gebet – dies habe sogar eine Diplom-Theologin ihr bestätigt, da komme nichts zurück. Ganz bitter setzte sie hinzu, sie habe doch so viel Gutes getan – und jetzt diese Krankheit!

Auch eine andere Frau gestand mir ziemlich em-pört: Sie verstehe Gott nicht mehr, denn er habe ihren Mann sterben lassen und manches andere Schwere zugelassen – wo sie beide doch so viel für seine Kirche getan hatten!

Im Herzen solcher Menschen kann – vielleicht schon viele Jahre lang ganz tief in ihrem Unterbe-wusstsein verborgen – eine Enttäuschung sein, eine noch eiternde Wunde, eine Sperre, ein Deckel. Die-ser kann zu einem Nein zu Gott werden: „Nein, das hätte Er nicht tun dürfen!" Oder: – „Nein, Er ist nicht gut, dieser Gott! Sonst hätte Er das nicht zugelassen! Dem kann ich nicht trauen." Oder: – „Nein, diesen Gott lasse ich nicht an mich heran! Sonst schickt Er mir noch ein Unglück!"

Um dieses Nein, um solche und ähnliche negativen Aussagen über Gott herum, sammelt und hortet man bei jeder entsprechenden Erfahrung noch mehr Beweise dafür, dass man mit diesem Gott nichts mehr zu tun haben will. Aber solche Sperren sind in ihrer Konsequenz lebensgefährlich, weil sie uns abschneiden von Gottes Liebesstrom!

Theologisch richtig ausgedrückt, hegen diese Menschen einen Groll gegen Gott. Menschlich gesehen haben sie Gott etwas nicht verziehen – vielleicht, dass Er ihr Gebet schon als Kind nicht so erhört hat, wie sie es erwartet hatten.

„Meine Oma ist trotzdem gestorben", hörte ich einmal aus dem Mund einer Frau, die bei mir im Seelsorgegespräch war. Keiner hatte ihr als Kind tröstend gesagt, dass Gott in Seiner Weisheit nicht alles genau so tut, wie wir es uns wünschen. Dass Er viel größer und liebevoller ist, als wir es uns vorstellen können. Und dass Seine Gedanken und Pläne weit über den unseren stehen, und wir Ihm einfach vertrauen können, selbst wenn wir Sein Handeln nicht verstehen. Dass Gott nicht immer antwortet, aber dass Er auf jeden Fall handelt, und zwar zur rechten Zeit – wie bei Jesus nach seinem Schrei *„Warum hast du mich verlassen?" (Mt 27,46)* Er erweckte Ihn am dritten Tage von den Toten.

Das Gespräch mit der jungen Frau ging gut aus: Als sie diese Sperre gegen Gott zugegeben hatte, verzieh sie Ihm, widersagte ihrem Groll und gab Ihm dann ihr uneingeschränktes Ja. Sie blühte so richtig auf und konnte wichtige Entscheidungen für ihr Leben treffen. Ähnliches erlebte ich bei einem jungen Priester, der uns vor Jahren erstaunt und erschüttert erzählte, Gott habe ihn um Verzeihung gebeten, weil Er ihm in seiner Kindheit so vieles zugemutet hatte. Er habe Gott vergeben, und seither habe sich seine Beziehung zu Ihm gewaltig verändert. Seither könne er Ihm vertrauen, Ihn „Abba" nennen.

Dieser Tage hörte ich von einem Mann, der als Junge zu Hause viel Streit zwischen den Eltern erlebte. In seiner Not ging er zum Pfarrer und bat diesen um Hilfe. Der Pfarrer beruhigte ihn, das werde Gott schon richten und griff nicht ein, wie es sich der Junge wohl gewünscht hatte. Einige Zeit später verunglückte der Vater und starb. Tragisch. – Was ging in dem Jungen damals vor? Und wie steht er heute zu Gott? Zur Kirche? Ist er offen für Gottes Vaterliebe und für all das, womit Gott ihn beschenken wollte und will? Ist es nicht allzu verständlich, dass da etwas kaputt ging in seinem Vertrauen, dass er von da an „ganz zu" sein könnte für Gott? Wenn da nicht die Gnade wäre.

Solche nicht aufgearbeiteten Erlebnisse und die eigenen Reaktionen darauf haben ihre Folgen. Darauf angesprochen, werden betroffene Menschen zunächst empört widersprechen, denn im Kopf ist einem doch meist klar, dass der Allmächtige es besser weiß. Aber im Herzen nisten sich solche abwehrenden Gedanken, Gefühle und Schwüre ein und blockieren unser Vertrauen und unser inneres Ohr. Vor allem unseren persönlichen Zugang zu Gott

und unsere Freude an Ihm. Doch es gibt Heilung
für alle, die darum bitten.

Deshalb meine Frage heute an dich, zuerst theologisch richtig ausgedrückt: Hast du vor Gott schon
deinen Groll bekannt? Hast du schon dein uneingeschränktes Ja gesagt zu Seinem Willen, zu Seinem
Handeln an dir in der Vergangenheit und Gegenwart?

Menschlich ausgedrückt: Hast du Gott schon „rest-
los verziehen", dass Er dir deinen Partner genommen hat? Er hätte ihn auch bei dir beziehungsweise
am Leben lassen können, nicht wahr? Oder andere
Dinge, die Er dir zumutet? Etwa, dass du allein
durchs Leben gehen musst?

Wenn du nun mit Hilfe des Heiligen Geistes entdecken solltest, dass auch du Gott nicht so richtig vertrauen kannst – dich von Ihm nicht richtig trösten
und lieben und beschenken lassen kannst, dann
rate ich dir, Ihm zu „verzeihen". Dann kann Er auch
dein Herz endlich öffnen für diese wunderbare Beziehung zu Ihm. Und für alles, was dazugehört:
Gnade, Trost, Heilung, Friede und Freude. Eine
wunderbare Erfahrung!

Wenden wir uns gleich an Ihn:

Herr, Du hast mein Leben vor Dir
wie ein aufgeschlagenes Buch.
Du siehst in mein Herz hinein.
Wenn sich da noch tief in mir
Vorwürfe an Dich befinden,
Bitterkeit oder auch bloß noch
ein Rest von Groll auf Dich,
dann gebe ich Dir das alles.

Im Namen Jesu widersage ich aller Bitterkeit,
und verzeihe Dir,
dass Du mir das angetan,
mir all das Leid zugemutet hast.
Du wirst schon wissen, wozu das gut ist.

Bitte verzeih Du mir meinen jahrelangen Groll
und mein Misstrauen
und komm neu in mein Herz.
Heile meine Wunden und
schenke mir neues Vertrauen in Dich!
Fülle mein Herz mit Freude
und mit Deinem Frieden. Amen.

Das wird spürbare Auswirkungen haben, garantiert!

16. Achtung: Falle!

Nun müssen wir noch etwas anschauen, das uns immer wieder anfällt, uns total behindern und lähmen möchte. Oder ist es eher eine Falle, in die wir immer wieder geraten können – wir, die Verlassenen? Ich spreche vom Selbstmitleid. Es ist etwas, was wohl jedem von uns ganz leicht passieren kann, und in das wir leider immer wieder unversehens hineinrutschen.

Lange bevor ich Witwe wurde, las ich in einem Buch, dass Selbstmitleid Sünde sei. Das war mir neu. Sünde – davon steht doch nichts in den Zehn Geboten!? Die Antwort stand sicher in jenem Buch, doch ich finde es nicht mehr. Aber es hat mich beeindruckt, und so war ich in der ersten Zeit nach dem Tod meines Mannes sehr auf der Hut, dass ich da nicht reinfalle. Jedes Mal, wenn ich wegen meines Verlustes angesprochen wurde, habe ich beim Heimkommen das in Wort und Blick ausgedrückte Bedauern der Mitmenschen wie einen Mantel ausgezogen, in den Schrank gehängt und zum Herrn gesagt „Ihre Worte waren lieb gemeint. Segne sie, Herr! Aber mach mich bitte frei davon. Ich schaue jetzt auf Dich. Du hast mein Leben in der Hand! Du meinst es gut mit mir."

Warum soll Selbstmitleid Sünde sein? Wir tun dabei doch niemand etwas zuleide! Doch – uns selbst und Gott! Denn während wir uns selber leid tun, wenden wir uns ab von Ihm, der doch nichts lieber tut, als uns zu helfen. Wir werden wie Ungläubige und schauen ausschließlich auf das, was wir im Moment nicht haben und auf unseren Schmerz, unsere Enttäuschung, unsere Hilflosigkeit. Oft auch auf andere, denen es offensichtlich besser geht im Leben! Nicht nur, dass hier Neid und Eifersucht gleich hinter der Ecke lauern, sondern, wenn ich im Selbstmitleid stecke, muss ich mich jetzt einfach bedauern – unbedingt: „Ich Arme/r! So allein! So schutzlos! So hilflos! So vergessen!" Da ist keine Hoffnung, kein Aufblick da. Es ist wie ein geschlossenes System, in das nichts mehr hineindringen darf.

Dies ist schlichtweg Unglaube! Ich sage damit praktisch: „Ich habe keinen Gott. Den gibt es nicht! Oder zumindest ist Er weit weg und kümmert Sich nicht um mich!" Oder, krasser ausgedrückt: „Gott ist ein Lügner. Was da in der Bibel steht, dass Er nahe sei oder was Er gesagt haben soll, das ist offensichtlich nicht wahr. Ich fühle gar nichts von Ihm – nur dunkles Nichts!"

Gott sei Dank beruht unser Glaube nicht auf Gefühlen, sondern auf Tatsachen, auf ewiger, unverrückbarer Wahrheit.

Selbstmitleid kann Gott nicht gefallen, denn damit schließe ich Ihn aus meinem Leben aus! Ich erwarte nichts mehr von Ihm. Ich glaube nicht an Seine Macht, nicht an Seine Allgegenwart, nicht an Seine Liebe, nicht an Seine liebevollen Pläne, die Er sich in Seinem Herzen für mich ausgedacht hat. (Übrigens ist hier nicht Depression gemeint, obwohl es sich ähnlich anhört!)

Von einer Freundin, die viel bitteres Leid erlebt hatte, bekam ich einmal eine Figur aus Ton, die ausdrückt, wie sie sich damals am tiefsten Punkt gefühlt hat. Hockend, Arme und Beine verschränkt, Kopf darauf, wie ein Haufen Elend. Ganz rund, ganz zu. Da kann nichts rein, alles zu – total verkrümmt in sich selber (– so erklärt Augustinus die Ursünde!). Nichts zu machen. Hoffnungslos. Aus!

Was ist zu tun, wenn wir in dieser Falle, im Sumpf des Selbstmitleids stecken? Wir ahnen es: Aufblicken! Unsere Arme hochstrecken und den Rettungsring ergreifen, der uns entgegengeworfen wird. Darauf steht: Neuer Glaube. Um diesen können wir, müssen wir bitten, denn *„ohne Glauben ... ist es unmöglich, Gott zu gefallen, denn wer zu Gott kommen will, muss glauben, dass er ist und dass er denen, die ihn suchen, ihren Lohn geben wird."* *(Hebr 11,6)*

Das heißt: Wir können Gott nur gefallen und uns selbst den größten Gefallen tun, wenn wir aufblicken zu Ihm. Wenn wir Ihn Gott sein lassen. Wenn wir sagen oder sogar schreien: „Du bist doch da! Du bist Gott! Du kannst mir helfen!" Damit haben wir Ihn beim Namen genannt, denn „Jahwe" heißt doch: „Ich bin der Ich bin da!" Und „Jesus" heißt: „Gott rettet".
Wer Seinen Namen anruft, den wird Er erhören. Das hat Er versprochen. Merke dir die Telefonnummer 50-15! Es ist ein Psalmwort: *„Rufe mich an in der Not; dann rette ich dich ..."* *(Ps 50,15)*

Selbstmitleid ist zäh. Es meldet sich leider auch nach Jahren immer wieder. Bei manchen Gelegen-

heiten rollen plötzlich Tränen über meine Wangen herunter, und mein Herz will sich in ein Loch verkriechen. Aber dann denke ich an dieses so wichtige Wort Gottes in der Bibel:

„Meine Gedanken sind nicht eure Gedanken und meine Wege sind nicht eure Wege" (meine Pläne sind nicht eure Pläne) *„ – Spruch des Herrn. So hoch der Himmel über der Erde ist, so hoch erhaben sind meine Wege über eure Wege und meine Gedanken über eure Gedanken." (Jes 55,8-9)*

Ist es nicht wohltuend zu wissen, dass unser Gott hoch erhabene Pläne hat – auch mit dir und mir? Auch jetzt noch – nach all dem, was passiert ist?!

Durch den Propheten Jeremia spricht Gott noch deutlicher:

„Denn ich kenne meine Pläne, die ich für euch habe, – Spruch des Herrn –, Pläne des Heils und nicht des Unheils; denn ich will euch eine Zukunft und eine Hoffnung geben." (Jer 29,11)

Darauf sollen wir schauen, darauf können wir zugehen – auf die Zukunft, die Er uns schenkt. Wir müssen uns unbedingt daran festhalten, denn diese wunderbare Aussicht soll uns geraubt werden. Vom Widersacher Gottes, unserem Feind, der uns nichts gönnt – keine Freude, keine Hilfe, keine Zukunft. Der freut sich jedes Mal riesig, wenn wir uns selber bedauern. Wollen wir ihm etwa gefallen? Nehmen wir besser all das in Anspruch, was Gott uns verheißen hat – Seine Hilfe, Seine Freude – Freude in Fülle sogar! Und eine wunderbare Zukunft! Sagen wir es Ihm:

Du gütiger Gott!
Ich nehme Dich bei Deinem Wort:
Du hast liebevolle Pläne für mich,
Pläne des Heils, hoch erhabene sogar!
Bitte verzeih mir alles Selbstmitleid
und schenke mir einen festen Glauben,
dass Du alles in der Hand hast
und mächtiger bist als all mein Leid,
meine Probleme, meine Ängste.

Ich widersage allem Selbstmitleid,
– und wenn ich schon dran bin –
widersage ich auch meinem Unglauben,
meinen Ängsten und meinem ständigen Sorgen
– im machtvollen Namen Deines Sohnes
Jesus Christus, dem Erlöser,
der auch für mich Unsägliches erduldete.

Bitte, nimm dies alles von mir weg
und fülle den leergewordenen Raum mit Freude
und mit einem großen Vorrat an neuem Vertrauen,
dass Du Pläne des Heils hast für mich.
Gib mir eine feste Hoffnung, dass Du eingreifst
und mir eine gute Zukunft bereitest.
Und schenke mir echte Liebe zu Dir!
Du siehst ja, wie sehr ich all dies brauche!

Ja, ich will an Dich glauben!
Lass mich gerade in dieser Verlassenheit
und von nun an für immer
auf Dich schauen,
auf Deine Möglichkeiten
und auf Deine Liebe zu mir! Amen.

Zusätzlich zu all den wunderbaren Verheißungen der Heiligen Schrift für die, die glauben, hier noch die Worte, die mir in den Sinn kamen, als ich den Vater einmal fragte, was ich meinen Zuhörern im Radio bei der Sendung für Witwen sagen soll:
„Sag ihnen, dass sie nie alleine sind. Mein väterlicher Blick ruht auf ihnen. Mein Lächeln will sie liebkosen, Mein Geist sie trösten und stärken."
Das gilt ganz sicher auch für dich, der/die du das liest! Und wenn das stimmt, dann steh doch schnell auf, lauf zu Ihm hin und sage, am besten laut:

Danke, Vater,
für Deine väterliche Zuwendung!
Danke für Dein Lächeln, das mich umfängt!
Es tut so gut zu wissen,
dass ich Dein Kind bin!
Danke für den Trost Deines Geistes,
danke für die neue Kraft,
für Seine Kraft, die Neues in mir schafft!
Ich danke Dir für alles,
mein guter Vater! Amen.

Teil III

Hilfreiche Geschenke

17. Die Notfall-Apotheke

„Aber in dem Moment, wenn mich wieder Selbstmitleid überkommt – da fällt mir das gar nicht ein!", wirst du vielleicht einwenden. Ja, hier müssen wir schlauer sein. Wir müssen das Selbstmitleid überholen. Wir können uns immunisieren oder imprägnieren mit dem Wort Gottes. Machen wir es wie Jesus bei den Versuchungen durch den Teufel in der Wüste(!), auf dem hohen Berg und auf der Zinne des Tempels – kämpfen wir mit einem Wort Gottes. Denn darin liegt eine ungeahnte Kraft, weil Gott uns versprochen hat:

„Denn wie der Regen und der Schnee vom Himmel fällt und nicht dorthin zurückkehrt, sondern die Erde tränkt und sie zum Keimen und Sprossen bringt, wie er dem Sämann Samen gibt und Brot zum Essen, so ist es auch mit dem Wort, das meinen Mund verlässt: Es kehrt nicht leer zu mir zurück, sondern bewirkt, was ich will, und erreicht das, wozu ich es ausgesandt habe." (Jes 55,1-11)

Sprechen wir zu unserer Seele also lächelnd und liebevoll:

*„Warum betrübst du dich so, meine Seele? Harre
doch auf Gott – und ich werde ihm noch danken."
(Ps 42,6)*

Spürst du schon, wie dich das beruhigt, diese si-
chere Hoffnung, dass du Ihm noch danken wirst?!
Oder sage dir oft ganz getrost:

*„Der Herr ist mein Hirte, nichts wird mir fehlen."
(Ps 23,1)*

Wenn wir großes Heimweh nach dem verlorenen
Partner haben, oder auch Wünsche, die im Moment
nicht erfüllbar sind, könnten wir zu Gott sagen:

*„Du stillst mein Verlangen, du füllst mir reichlich
den Becher!" (Ps 23,3.5b)*

Wenn ich nicht weiß, wie ich mich entscheiden soll,
wende ich mich voll Vertrauen an Ihn:

*„Du leitest mich auf rechten Pfaden, treu deinem
Namen!" (Ps 23,3)*

Oder wenn etwas ziemlich aussichtslos und schwierig wird:

*„Muss ich auch wandern in finsterer Schlucht, ich
fürchte kein Unheil; denn du bist bei mir." (Ps 23,4)*

Wenn ich angefeindet werde, oder wenn es eng
wird mit den Finanzen:

*„Du deckst mir den Tisch vor den Augen meiner
Feinde, ... du füllst mir reichlich den Becher ..."
(Ps 23,5)*

Und sag Ihm immer wieder unser Psalmwort:
„Rufe mich an in der Not; dann rette ich dich – und du wirst mich ehren." (Ps 50,15)
Merkst du, der Zusatz: *„.... du wirst mich ehren"* ist wie ein Garantieschein vom Herrn?! Nimm ihn am besten gleich in die Hand und lobe Gott schon im Voraus für das, was Er jetzt für dich tun wird. Denn du bist doch Sein Kind und darfst Hilfe von Ihm erwarten!

Paulus rät uns Christen:
„Sorgt euch um nichts, sondern bringt in jeder Lage betend und flehend eure Bitten mit Dank vor Gott!" (Phil 4,6)
Und den Freunden in Ephesus gibt er den Geheimtipp:
„Sagt Gott, dem Vater, jederzeit Dank für alles im Namen Jesu Christi, unseres Herrn!" (Eph 5,20)

Sicher hat diese Haltung dem Apostel Paulus selbst in den vielen Gefahren geholfen. Gehört dies eventuell zu seinem Geheimnis – das Danksagen für alles?
Ein mutiger Amerikaner namens Merlin Carothers probierte dieses „für alles Danken" in den Achtzigerjahren konsequent aus und schrieb darüber ein spannendes Buch: „Ich suchte stets das Abenteuer"[5]. Wichtiges habe ich daraus gelernt und viele andere Christen auch.
Falls du also Abenteuer erleben willst, dann tu es ihm nach und schaffe dir gleich ein dickes Tagebuch an, damit du aufschreiben kannst, was du nun mit Ihm erlebst, indem du Ihm für alles dankst.

Gott will und kann uns durch Sein Wort aufbauen und trösten! Auch mir wurde dies schon oft und oft geschenkt – ich könnte darüber viele Geschichten erzählen. Gott hat Wohlgefallen daran, dass wir uns auf Sein Wort verlassen, so wie Jeremia:

„Kamen Worte von dir, so verschlang ich sie. Dein Wort war mir Glück und Herzensfreude!" (Jer 15,16)

Denn dann bauen wir auf Seine Treue, auf den festen Grund all unserer Hoffnung.

Solche wichtigen Worte kann man auf kleine Kärtchen schreiben und sie in der Tasche tragen. Oder ich klebe sie auf den Spiegel im Bad und lese sie gleich morgens. Oder ich spreche sie vor mich hin auf Wanderungen oder auf dem Weg in die Kirche – so dass sie ganz in mich eingehen und dann greifbar sind und ganz von allein auftauchen, wenn ich sie brauche. Sie sind Wort Gottes – d. h. Geist und Leben. Und sie bewirken das, was sie aussagen! Glauben wir das doch endlich, praktizieren wir das!

Übrigens: Auch Lieder, Kirchen- oder Lobpreislieder sind mir eine große Hilfe. Schon morgens beim Aufwachen! Da wird uns gleich ein neues Programm für den Tag ins Herz geschrieben, seine Wahrheit:

„Herr, Deine Gnade ... sie fließt und durchdringt mich ganz!" Dieses Lied erinnert mich daran, dass Seine Gnade, Seine ganz persönliche väterliche Zuwendung auf mich zufließt, auf mich herabströmt und mich total umgibt! Heute sang ich schon in der Kirche: „Du öffnest deines Himmels Tor, da fließt

Dein Überfluss hervor und sättigt Tal und Hügel!"[6] – Also darf ich sogar Überfluss erwarten! Da kann kein Selbstmitleid, kein Sorgen mehr bestehen bleiben!

Um mich immer wieder an das Wichtigste in meinem Leben zu erinnern, taucht in mir oft ein ganz einfaches Lied auf: „Das Höchste meines Lebens ist, Dich kennen, Herr!"[7] Das geht dann weiter mit: „Dich lieben" und „Dir dienen". Dazu brauche ich aber immer mehr von Seiner Kraft. Also bitte ich gerne mit einem anderen Lied darum: „Mehr denn je, Herr, komm mit Deiner Kraft ..." Und wenn ich über Ihn sprechen darf, dann singe ich zur Einstimmung schon unterwegs: „Ich will von Deiner Liebe singen ..."

Unser Herr hat Freude an unserem Singen! Er darf das von mir erwarten, auch wenn ich mich nicht so ganz fröhlich gestimmt fühle. Wenn ich dann trotzdem singe, nennt die Bibel das ein „Lobopfer". Und sie sagt, dass solche Opfer Gott gefallen.

Vielleicht brauchst du dafür noch mehr Vertrauen, mehr Lust auf Sein Wort? Und auch neue Lieder für dein Herz? Sag Ihm das:

Vater! Ich glaube Dir,
dass das, was über Dich in der Bibel steht,
wahr ist und heute noch für mich gilt!
Ich will immer noch mehr auf Deine Treue bauen
und auf Dein Wort hören,
mit dem Du mich ansprechen, mich beschenken,
mich heilen und trösten möchtest.
Und mit dem Du mir den rechten Weg zeigen willst.

Jesus, mein Herr,
Du siehst, wie es in mir aussieht.
Also, bitte, sprich nur ein Wort,
und meine Seele wird gesund.

Gib mir neu Deinen Geist,
der mir die Liebe zu Deinem Wort schenkt
und die Kraft, Dir dann auch zu gehorchen.

Ich danke Dir gleich jetzt,
dass Du mich beglücken willst
durch Dein Wort und durch neue Lieder.
Halleluja! Amen.

Und nun bleib mit deinem Herzen eine Weile bei
Ihm und empfange alles, was Er dir heute schenken
will. Das ist nicht wenig!

18. Lob der Tränen

Wenn wir schon von Hilfen sprechen in unserer Situation, dann dürfen wir das Geschenk unserer Tränen nicht unerwähnt lassen. Ja,
du hast richtig gelesen – Tränen sind ein Geschenk.
Normalerweise sind sie ein Zeichen der Trauer.
Nach dem Tod meines Mannes wurde ich wieder-
holt aufgefordert, meinen Tränen freien Lauf zu lassen. Das sei das beste Mittel, um die Trauer zu
verarbeiten. Wer nicht weine, der sei in Gefahr, in

schwere Depression zu verfallen oder krank zu werden. Also ließ ich in den ersten Tagen bei meinen einsamen Wanderungen im Wald die Trauer hochkommen. Mein Weinen kam von weit unten in mir, es war eher ein Stöhnen. Das war neu für mich, wirkte aber befreiend, zumal ich diese Wanderungen ja „mit Jesus zusammen" unternahm und Ihm immer wieder meinen Schmerz übergab. Natürlich weinte ich in den folgenden Monaten öfter, aber ruhiger.

Was mir damals sehr geholfen hat, war ein Bild, das eine Freundin im Gebet für mich bekommen hatte: Ein Tuch mit einem wunderschön gestickten Rosenmuster. Von oben. Sie meinte, wenn man dessen Unterseite ansehe, könne man ja nur ein Gewirr von Fäden erkennen. Ich verstand: Gott hat schon die Rosen im Blick, ich erst das Gewirr. Er macht was draus!

Später, allein in der Kapelle, setzte ich mich direkt vor das Kreuz und schaute es lange an. Als ich dann die Augen schloss, hörte ich vom Kreuz herab eine Stimme, nicht laut, aber deutlich: „Du! Ich habe diesen Schmerz für dich ausgesucht. Nimm ihn an! Er soll dich weiterbringen auf dem Weg deiner Berufung." Es klang sehr liebevoll, verständnisvoll, sogar ermutigend. Ich schrieb es auf und fragte meine geistliche Begleiterin, ob dieses Wort von Jesus sein könnte. Sie meinte nach kurzem Nachdenken: „Warum soll das nicht von Jesus sein?!" Es half mir, nach vorne zu sehen und erneut zu wissen, dass ich einmal entdecken würde, wozu das gut war.

Ob dir dieses Wort auch hilft? Nur deswegen habe ich es hier erwähnt. Wie geht es dir, wenn Tränen

deine Augen füllen? Wenn du sie nicht zurückhalten kannst und sie dir in den unpassendsten Momenten bis zum Hals herunterrollen? Ist es dir nicht auch peinlich?

Gerade heute traf ich auf dem Friedhof eine Frau, deren Mann vor sieben Monaten gestorben ist. Ihr war es offensichtlich peinlich, dass ihr bei unserem Gespräch die Tränen kamen. Sie erzählte mir auch, dass sie fast jedes Mal in der Kirche weinen muss – sie traue sich schon fast nicht mehr, dort hinzugehen.

Wie oft schon ist mir das passiert – ebenfalls in der Kirche, nicht immer vor Trauer, sondern auch wenn ich ganz von Dankbarkeit und Staunen ergriffen bin! Es war auch mir meist sehr peinlich, aber in letzter Zeit hilft mir der Gedanke daran, dass der Herr mich mal getröstet hat: „Diesen Reichtum an Gefühlen hast du von Mir!" Oh, eine ganz neue Sicht! Heißt das bloß, dass es ein Geschenk ist von Ihm oder dass auch Er reich ist an Gefühlen?!

Als Kind konnte ich von Herzen lachen – aber auch weinen. Einmal setzte sich mein Vater an mein Bett und versuchte mich zu trösten. Schon seine Gegenwart tat gut – er war ja sonst fort im Krieg! Doch seine Frage: „Auf was könnten wir uns denn miteinander freuen?", war so wohltuend, dass ich mich jetzt noch daran erinnern kann. Es fiel uns beiden sicher einiges ein. Das Weinen hörte auf und mein Gesicht hellte sich auf. Als ich „größer" wurde, wollte ich mich erwachsen verhalten und unterdrückte meine Tränen tapfer – übrigens auch meine Freudensprünge –, weil meine Umwelt das so erwartete.

Doch seitdem ich immer wieder neu um den Heiligen Geist bitte, kann ich in dieser wunderbaren Freundschaft mit dem Herrn leben. Er hat mich auch in diesem Bereich frei gemacht, und ich habe manche Träne nachgeholt – aber nicht nur Tränen der Trauer – sondern viel öfter Tränen der Dankbarkeit, des Gerührtseins über Gottes Wort, über Seine Zuwendung. Auch Tränen der Reue sind Momente der Gnade. Ich kann inzwischen dankbar dafür sein.

Sehr hilfreich war für mich eine Begegnung mit einem älteren Jesuiten aus Kanada, der dafür bekannt war, dass er immer weinen musste, wenn er von der Güte des Herrn sprach. Er konnte gut damit umgehen und erklärte mir, das sei eine Gabe, die der Herr dazu benutze, um Herzen zu erreichen. Auch bei mir kam es immer öfter vor, dass mir die Augen überliefen. Einmal entschuldigte ich mich deswegen bei einem Mann aus meinem Gebetskreis. Da meinte er lächelnd, das wirke auf ihn sehr überzeugend.

Manchmal gebraucht Gott sogar dieses Weinenkönnen auf geheimnisvolle Weise für Seine Pläne. Es geschieht nicht selten, dass mir oder meinen Mitbeterinnen ganz heftig die Tränen kommen, wenn wir im Gebet die Trauer Gottes über irgendeine Sünde oder Tragik gleichsam mitspüren dürfen. Oft begreifen wir das erst hinterher. Einmal weinte ich am Grab einer mir völlig unbekannten Frau. Der Zustand des Grabes zeigte, dass die Frau arm gewesen war und keine Angehörigen oder Freunde hatte. Vielleicht hatte noch nie jemand um diese Frau geweint?

Vor meinen Seminaren für Witwen und in der Zeit, bevor ich dieses Buch zu schreiben angefangen habe, musste ich auffallend oft weinen. Ich konnte mir das jeweils nur so erklären, dass ich wohl stellvertretend für meine Teilnehmerinnen oder für meine LeserInnen weinen durfte, weil manche noch nicht weinen können.

„Weine mit Mir!", hörte ich sogar einmal im Gebet. Konnte das der Herr gesagt haben? Immerhin schrieb Paulus in seinem Brief an die Christen in Rom: *„Weint mit den Weinenden." (Röm 12,15)* Er tat dies übrigens im gleichen Atemzug mit seiner Aufforderung, ein Leben aus dem Geist zu führen! Sollte uns das nicht zu denken geben?!

Im Kulturraum der Bibel waren Tränen nichts Peinliches. König David selbst, dieser Held, muss heftig geweint haben, denn er berichtet: *„Ich bin erschöpft vom Seufzen, jede Nacht benetzen Ströme von Tränen mein Bett, ich überschwemme mein Lager mit Tränen." (Ps 6,7)* Später jedoch singt er über eine wunderbare Erfahrung, die auch Verheißung ist: *„Die mit Tränen säen, werden mit Jubel ernten." (Ps 126,5)*

Als Mann „nach Gottes Herz" kannte er Ihn, denn er singt prophetisch Unerhörtes über Ihn: *„Er beseitigt den Tod für immer. Gott, der Herr, wischt die Tränen ab von jedem Gesicht." (Ps 25,8)* Ob von daher die Überzeugung kam, dass jede Träne des Gerechten am Ende ihre Vergeltung erfahren wird? David weinte mit seinem Freund Jonathan zusammen (1 Sam 20,41c), und die Bibel erzählt, David habe am allermeisten geweint. Ein anderes Mal berichtet er seinen Dienern: *„Um das Kind fastete ich und weinte" (2 Sam 12,22)* – vor dem Herrn! Wegen der Bundeslade weinte *„das ganze Haus Israel vor dem Herrn." (1 Sam 7,2)* So innig war ihr Bitten und Flehen! Und der Herr sah ihre Tränen! David wusste das, er erwartete sogar Gottes Reaktion auf seine Tränen:

„Mein Elend ist aufgezeichnet bei dir. Sammle meine Tränen in einem Krug, zeichne sie auf in deinem Buch! Dann weichen die Feinde zurück an dem Tag, da ich rufe. Ich habe erkannt: Mir steht Gott zur Seite!" (Ps 56,9-10)

Ob aus diesem Psalmwort die Sitte herrührt, dass Frauen im Volk Israel bis zur Zeit Jesu ihre Tränen in einem Tränenkrüglein sammelten – um sie Gott dann am Ende vorweisen zu können? So vermuten manche Bibelwissenschaftler, dass die Sünderin, die Jesu Füße wusch, auch ihr Tränenkrüglein über Seine Füße ausgoss. Das sagt viel über ihren Glauben!

Jesus weinte auch. Er weinte über Seine geliebte Stadt Jerusalem, die das Heil nicht von Ihm annehmen wollte, die taub und blind war für Seine Liebe (Joh 19,41). Er weinte am Grab Seines Freundes Lazarus, war dort sogar *„im Innersten erregt und erschüttert." (Joh 11,33)*

Im Brief an die Hebräer wird über Jesus berichtet:

„Als er auf Erden lebte, hat er mit lautem Schreien und unter Tränen Gebete und Bitten vor den gebracht, der ihn aus dem Tod retten konnte, und er ist erhört und aus seiner Angst befreit worden." (Hebr 5,7)

Auch Er hatte offensichtlich einen Reichtum an Gefühlen und zeigte sie.

Er ließ sich von Weinenden erschüttern und tröstete sie – Martha und Maria, die beiden Schwestern des Lazarus (Joh 11), die arme Witwe von Nain (Lk 7,13), die Sünderin, die mit ihren Tränen Seine Füße wusch (Lk 7,3). Und sogar noch auf Seinem entsetzlich qualvollen Weg zur Kreuzigung (Lk 23,28) tröstete Er die weinenden Frauen aus Seiner Stadt! Das berührt mich jedes Mal, wenn ich es höre.

Jesus pries die Trauernden und Weinenden sogar selig, als Er ausrief: *„Selig seid ihr, die ihr jetzt weint, denn ihr werdet lachen." (Lk 6,21)* Könnten wir, die „Verlassenen", das nicht endlich ernst nehmen? Wir werden einmal lachen – und können uns jetzt schon darauf freuen! Nein, nicht nur darauf freuen, also in die Zukunft blickend, denn wenn Jesus das Wort „selig" sagt, und das im Präsens, dann heißt das wörtlich: „Ihr seid jetzt glücklich zu preisen!"

Wie kann Er so etwas sagen? Ist das nicht zynisch? Aus Jesu Mund auf keinen Fall! Aber wie kann ich das verstehen – und dann vielleicht sogar in Anspruch nehmen? Die letztlich schlüssige Antwort für mich ist nicht die wissenschaftliche, die sagt, Tränen wirken druckentlastend, also befreiend. Auch nicht die theologische, dass Tränen reinigend wirken. Schon eher meine häufige Erfahrung, dass ich mit Tränen in den Augen nicht mehr lesen oder schreiben kann, überhaupt nicht mehr richtig sehen. Dass sie mich irgendwie blind machen. Könnte diese Tatsache nicht ein Anstoß für mich sein, nicht mehr auf die Ursache meiner Tränen,

104

etwa auf meine Trauer zu schauen – sondern die Augen zu schließen und noch tiefer nach Innen zu blicken, wo Gott wohnt, wo ich Ihn finden kann? Ihm kann ich mich in die Arme werfen und mich trösten lassen. Sein Trost ist echter Trost! Und bei dieser Gelegenheit gibt Er mir gleich auch noch neue Kraft zum Weiterleben, zum nächsten Schritt. Und noch viel mehr, als wir uns ausdenken oder erbitten können (vgl. Eph 3,20). Hast du das schon gewusst? Viel mehr!

So gesehen sind Tränen eigentlich eine Chance. Wir sollten sie zulassen. Wie Jesus! Denn da Jesus voll Mensch war, der ideale Mensch sogar, der, an dem Gott Gefallen fand, gehört zum vollen Menschsein offensichtlich das Weinen. Mir scheint, da brauchen viele von uns Befreiung von den Tabus unserer Gesellschaft. Du auch?

Auch in der frühen Kirche hielt man die Tränen nicht zurück, seien es nun die Witwen in Joppe, die alle weinten beim Tod ihrer Freundin Tabita (Apg 9,39), oder der Völkerapostel Paulus, der u. a. auch Abschiedstränen weinte (Apg 20,37).

Und alle, die einen traurigen Grund zum Weinen hatten, hielten sich an der Hoffnung fest, die der Lieblingsjünger und Seher Johannes im Buch der Offenbarung so ausdrückte:

„Denn das Lamm in der Mitte vor dem Thron wird sie weiden und zu den Quellen führen, aus denen das Wasser des Lebens strömt, und Gott wird alle Tränen von ihren Augen abwischen." (Offb 7,17)

Welch ein zärtlicher Gott! Diese Verheißung gilt auch für uns! Das sollten wir uns nicht entgehen lassen!

Herr Jesus,
Du hast also auch geweint.
Bitte nimm mir meine Angst davor,
dass ich die Kontrolle verliere,
wenn ich meine Gefühle zeige.
Oder dass andere mich deswegen belächeln.
Befreie mich von den Fesseln,
die meine Umgebung mir auferlegt hat.
Mach Du einen Menschen aus mir,
der Dir gefällt
und Deine Liebe weitergibt
an die erstarrte Welt.
Amen.

19. Geteilte Last

Wissen wir das nicht schon längst – dass geteilte Last nur noch halbe Last ist? Haben wir als Verlassene nicht oft und oft bemerkt, wie uns ein freundliches Wort, ein Tässchen Kaffee mit der Freundin, ein Gespräch am Telefon wieder aufleben lässt? Wie unsere Trauer wenigstens für eine Zeit verfliegt, wenn wir mit einem Kind, womöglich den eigenen Enkeln, spielen? Wie uns das Herz aufgeht, wenn uns ein Freund besucht, uns zuhört, uns damit zeigt, dass wir noch Jemand sind? Oder wenn uns ein Ehepaar zum Essen einlädt!

Paulus hatte gute Erfahrungen mit Freundschaft gemacht. Er hatte allerdings auch eine schwere Enttäuschung erlebt, als der junge Markus ihn und Barnabas verließ. Später versöhnten sie sich wieder. Timotheus und Titus und andere waren trotz ihres Altersunterschiedes seine erklärten Freunde. Und so kann er den Christen in Galatien diesen wunderbaren Rat geben: *„Einer trage des andern Last."* *(Gal 6,2)*

Ist das nicht noch mehr, noch anspruchsvoller, als die „geteilte Last" aus unserem Sprichwort? Es war jedoch ganz im Sinne seines Herrn, der darin ein Vorbild war. Er hat unser aller Last ans Kreuz getragen.

Jesus hatte seine 72 Jünger aus gutem Grund zu zweit ausgeschickt. Und wie begeistert kamen sie zurück und erzählten, was sie alles erlebt hatten! Viele von uns haben dies als geistliches Prinzip übernommen: Während einer redet, betet der andere und umgekehrt. Das ist nicht nur ein guter Tipp für Evangelisation und geistliches Tun, sondern einfach hilfreich und notwendig – eigentlich in jeder Lage!

Auch hatte Jesus selbst echte Freunde. Sicher war einer davon Nikodemus, der Ihn bei Nacht aufgesucht hatte. Lazarus, den Jesus aus dem Grab rief, wurde als Sein Freund angesehen. Petrus wollte gerne Sein bester Freund sein – und versagte dann. Doch er bereute von Herzen und sein Meister verzieh ihm.

Offenbar schätzte Jesus die Freundschaft sehr, denn Er sprach gegen Ende seines Lebens zu allen elf Aposteln:

„Ich nenne euch nicht mehr Knechte ... Vielmehr habe Ich euch Freunde genannt, denn ich habe euch alles mitgeteilt, was ich von meinem Vater ge-hört habe.“ (Joh 15,15)
Also ist für Ihn auch schon das Einander-alles-Mit-teilen, das Einander-Vertrauen wichtig. Anschlie-ßend erklärte Er ihnen jedoch, der überzeugendste Erweis Seiner Freundschaft sei, dass Er Sein Leben für sie hingebe.

Ich könnte ein schönes, langes Lied singen über das Gottesgeschenk einer Freundschaft. Wie wichtig das für mich ist, jeden Tag. Wie gut es tut, einander im Gebet zu tragen! Zu spüren, wenn die andere in Not ist. Unsere Fragen und Probleme einander mit-zuteilen. Im Gespräch tieferes Verständnis, aber auch neue Einsichten zu gewinnen. Und am Schluss unserer Gespräche, ich wiederhole das gerne, beziehen wir immer den Herrn mit ein in all das, was wir uns mitgeteilt haben. So wird unsere Last noch viel, viel leichter! Oder ist sie dann end-gültig die Seine geworden?

Hier muss ich unbedingt noch erzählen, wie Gott mir eine Freundin schenkte, die Tausende von Ki-lometern entfernt von mir wohnt. Das kam so: Vor über zwanzig Jahren kam mir kurz der Gedanke, ich bräuchte mal eine Freundin, von der ich geist-lich etwas lernen könne. Aber dann sagte ich mir: „Du hast doch hier so wunderbare Freundinnen!“ Doch der Herr muss den Wunsch in meinem Her-zen gelesen haben. Oder hatte Er ihn von vornhe-rein da hineingelegt?

Ein paar Monate später begegnete ich auf einem christlichen Kongress in England einer glühenden Christin aus Arizona. Wir fanden uns beide sofort sympathisch, gingen zusammen in den nächsten Vortrag und dann ins Restaurant zum Essen – und blieben seither in Kontakt. Auch sie sah und sieht unsere Freundschaft als Gottes Geschenk. Schon ein Jahr später sandte Er uns beide zusammen – wie einst Seine Jünger – auf eine große internationale Konferenz nach Genf, wo wir dann auf erstaunliche Weise Zeuginnen für Ihn sein durften – schon allein durch die Tatsache, dass wir beide trotz der Unterschiede, was Temperament, Nationalität, Kultur und Konfession betrifft, uns so eins waren. Als ich sie zum ersten Mal in Arizona besuchte, wunderte sich ihr Mann sehr darüber, dass seine Frau bei meiner Ankunft auf dem Flughafen Freudentränen vergoss.

Wir sprechen und beten regelmäßig miteinander am Telefon und können so einander zum Segen sein – manchmal auf erstaunliche Weise: Vor einigen Jahren bekam ich auf Exerzitien den klaren Impuls, ein weiteres Buch zu schreiben. Ich erzählte es natürlich meiner amerikanischen Freundin am Telefon, fing aber dann nicht gleich an zu schreiben, sondern schob es immer weiter hinaus, weil ich andere Dinge zuerst erledigen wollte. Nach etwa zehn Tagen kam eine Mail von meiner Freundin. Sie sei in der Nacht aufgewacht und habe einen Satz gehört: „Lass das neu geborene Baby nicht länger unbeachtet liegen!" Sie wusste sofort, dass diese Mahnung mir galt und meinem Buch. Als sie noch eine Weile darüber im Gebet blieb, konnte sie mir weitere sehr beruhigende Worte hinzufügen – dass der Herr mir schon die Ideen schenken würde usw. Ich war sehr berührt, dass der Herr diesen weiten Umweg nahm, um mir einen Schubs zu geben!

Was ich vor allem von ihr lernen kann: Sie macht sich Tag für Tag total von Gott abhängig. Jede Nacht fragt sie in ihrer Gebetszeit den Herrn, was sie am nächsten Tag denken, beten und tun solle. Das schreibt sie in ihr Tagebuch, führt es dann gewissenhaft aus und erlebt dabei riesige Überraschungen. Durch ihren Gehorsam und ihren Mut kann Gott ihr auch ganz ungewöhnliche Aufträge geben. Erst gestern Abend hatten wir wieder ein langes Telefongespräch darüber, wie Er durch ihr kreatives Tun Menschenherzen verändert und an Sich gezogen hat. Mein Gebet am Ende des Gesprächs war reines Staunen und ein kurzer Segen.

Natürlich gibt es unter uns schwachen Menschen auch die schmerzhafte Erfahrung des Nicht- oder Missverstandenwerdens, der Enttäuschung und des Verrats. Auch die Folgen von Verurteilungen und Beschuldigung können sehr verletzend sein. Hier sind wir Christen besser dran als andere, Gott sei Dank! Wir kennen Vergebung, Heilung und Versöhnung. Und auch Loslassen und Segnen. Vor allem: Dem Herrn übergeben.

Doch all dies vielleicht Enttäuschende darf mich nicht daran hindern, wieder neue freundschaftliche Beziehungen einzugehen. Herzliche Verbindungen zu Menschen sind erwiesenermaßen größte Glücksfaktoren. Und sie sind – wie wir gesehen haben – der Wille Gottes! Deshalb sollten gerade wir „Verlassene" uns in unserer Traurigkeit nicht in ein Schneckenhaus zurückziehen, sondern uns einladen lassen. Und, sobald wir können, selber Schritte tun, auf andere zugehen, Leute ansprechen, einladen, neue Freundschaft eingehen, Ideen entwickeln, Projekte mutig initiieren.

Wie wäre es also mit der Idee, dich als Leih-Oma oder -opa zur Verfügung zu stellen? Oder als Hausaufgabenhelfer? Mit einem Stammtisch für Single-Männer? Es könnte auch eine Gebetsrunde sein. Oder eine Wandergruppe für Alleinlebende, Witwen-Kaffeekränzchen, Trauergruppen und Hausbesuche, eine Reihe von Trostbriefen, ein Netzwerk von Witwen, Witwern oder Alleinlebenden. Oder einfach miteinander kochen, beten, feiern und tanzen – da sind unserer Fantasie keine Grenzen gesetzt.

Fangen wir an – aber all das nicht ohne den Herrn!

Herr Jesus,
ich danke Dir von Herzen
für meine Freundin/meinen Freund!
Sei Du immer bei uns,
wenn wir zusammen sind
und auch, wenn wir auseinander gehen.
Mach Du als unsere Mitte
etwas Großes
aus unserer Freundschaft –
zu Deiner Ehre! Amen.

Oder vielleicht möchtest du beten:

Herr Jesus,
bitte gib mir einen Freund, eine Freundin!
Du weißt doch, dass ich eine/n brauche
und welcher oder welche
der oder die richtige für mich ist!
Ich danke Dir jetzt schon dafür.
Amen.

Ein solches Gebet erhört Er gerne – es ist ja in Seinem Sinne, in Seinem Programm für uns Menschen! Ich spreche da aus Erfahrung!

Teil IV

Blick nach vorne

20. Warum es so weh tut

Es tut einfach weh, wenn man verlassen ist. Echt scheußlich! Gott weiß das. Er leidet mit dir und mit mir. Weil Er ein Vaterherz hat. Und trotzdem schafft Er das Leiden nicht ab. Warum nicht? Wo doch Jesus unsere Schuld ans Kreuz getragen hat! Durch Seine Wunden seien wir sogar geheilt, schreibt Petrus (vgl. 1 Petr 2,25). Trotzdem gibt es immer noch so viel Schmerz in der Welt. Das ist schwer zu verstehen. Es ist wohl ein Geheimnis. Gottes Geheimnis? Gehört das womöglich zu unserer Welt, zu unserer Freiheit?

Es gibt vielerlei Erfahrungen und Antworten. Manche sind an manchen Punkten hilfreich. Mir ist es eine große Hilfe, einfach vertrauen zu können, dass Gott es trotz oder gerade wegen Seiner Liebe zulässt – weil es im Letzten wertvoll ist.
„Wie kann etwas wertvoll sein, wenn es weh tut? Schmerz ist doch echt sinnlos!", wirst du denken. Doch betrachten wir mal, wie wertvoll z. B. die

Schmerzen, die Wehen einer Frau sind, bevor ein Mensch auf die Welt kommt. Mütter müssen da richtig was aushalten. Aber dieser Schmerz lohnt sich für das neue Leben, das daraus hervorgeht. Und vor lauter Glück über das herzige Baby vergessen die Mütter dann den Schmerz relativ rasch.

Aber all das andere Leiden? Ich vertraue darauf, dass der Allmächtige es fruchtbar machen kann – für neues Leben. Ihm ist nichts unmöglich! Wie beim Weizenkorn im Dunkel der Erde, das sterben muss, damit neue Frucht entsteht. Wie bei Jesus, Gottes Sohn. Aus Seinem Leiden und Tod entstand Leben in Fülle für Milliarden von Menschen.

Aus Liebe nahm Er all das Leiden auf Sich, weil Er wusste, dass Er uns dadurch erlösen konnte. Wie riesig stark muss Seine Liebe gewesen sein! Sie ist heute immer noch so stark! Genau so wie Seine Sehnsucht, uns alle zu befreien aus der Gefangenschaft unseres Egoismus! Aus Liebe kann man manches Schwere auf sich nehmen! Das sehen wir am Leben vieler Glaubenshelden – und ein ganz klein wenig haben wir das sicher auch in unserem Leben erfahren dürfen!

Trotz all dieser Einsichten haben viele von uns Angst vor dem Leiden. Das ist uns angeboren, zum Schutz. Doch können wir Kinder Gottes immer mehr hineinwachsen in das Vertrauen, dass unser Vater uns nicht mehr zumutet, als wir ertragen können. Dass Er gute Pläne hat und dass Er aus allem, selbst aus diesem scheinbar so sinnlosen Leiden, etwas machen kann. Ich bin immer schon ganz gespannt darauf, was mein mächtiger Vater aus den

Dingen machen wird, die mir im Moment gar nicht passen. Denn ich kenne seit vielen Jahren das Schriftwort:

„Wir wissen, das Gott bei denen, die ihn lieben, alles zum Guten führt." (Röm 8,28)

Echt alles, selbst das Leid! So halte ich Ihm meine Angst hin und Er schenkt mir dafür Vertrauen und neue Liebe. Sogar sich selber.

Und dann versuche ich – wie Jesus auf Seinem Leidensweg – vorauszuschauen. Er blickte im Herzen auf Seinen Vater und auf das Herrliche, das auf Ihn wartete. Und auf die Fülle an Heil und Dank und Jubel, die Er uns dadurch schenken konnte. Solches Aufblicken, Nach-vorne-Schauen ist für mich eine große Hilfe.

Doch noch einmal die Frage, warum der Schmerz so groß ist, wenn man verlassen wird oder einsam ist:

• Erstens war man vielleicht mit dem Partner oder Freund eng verbunden, so richtig zusammengewachsen. Durch die Trennung entsteht eine große Wunde, die geheilt werden muss. Von Gott!

• Zweitens müssen wir bedenken, woher wir kommen – rein natürlich – und was uns prägte: Wir sind entstanden aus dem liebenden Einssein unserer Eltern. Die folgenden neun Monate verbrachten wir geborgen im Leib unserer Mutter und wurden von ihr genährt, waren faktisch eins mit ihr. Im Schoß der Familie bekamen wir dann Versorgung, Liebe und Bestätigung. Die Tatsache, dass wir andere Menschen brauchen, ist uns durch diese Erfahrung eingeprägt, wie einprogrammiert. Eigentlich sind wir unser Leben lang auf andere Menschen angewiesen. Sie tun uns gut – oder wir können uns an ihnen reiben und dadurch wachsen. Gott hat das so gewollt, dass sich die Menschen einander zuwenden, einander ergänzen, einander helfen und wachsen lassen. Folglich ist das Verlassensein in gewissen Situationen sogar lebensbedrohlich. Gut, dass Er dann noch da ist! Du weißt ja, wie Er sich nannte – der „Ich bin da"!

- Drittens hat dies mit unserer eigentlichen, unserer geistlichen Herkunft zu tun – aus dem Urgrund – aus Ihm, aus Gottes liebender Drei-Einheit heraus. Gott ist Beziehung, sogar „Familie"! Das müsste auch unseren Geist und unsere Seele geprägt haben.

- Es hat zu tun mit Seinem Auftrag an uns, mit Seinem Programm mit den Menschen überhaupt: *„Lasst uns Menschen machen als unser Abbild, uns ähnlich" (Gen 1,26)* – berichtet die Bibel. Gott will also, dass wir Menschen diese tiefe Gemeinschaft der göttlichen Drei-Einheit, diese Hingabe aneinander, in der Welt darstellen – eben als Sein Abbild. Der konkrete Befehl Jesu an Seine Jünger: *„Liebt einander, so wie ich euch geliebt habe" (Joh 15,12)* gewinnt hier ungeheure, alle Zeiten überschreitende Bedeutung – auch für uns heute und für alle Menschen! Ist uns dies immer bewusst? Somit ist jedes Sich-dem-andern-Verweigern, jedes Vorurteil, jedes Nicht-vergeben-Wollen eine Störung, ein falscher Ton im

Weltorchester! Und eine Art Gefäßverstopfung im Leib Christi, wie es Paulus wohl bezeichnen würde.

- Und noch ein schwerwiegender, oft übersehener Grund für den Schmerz der Verlassenen ist, dass ihr Zustand äußerlich gesehen im Gegensatz steht zum Plan Gottes, am Ende alles in Seinem Sohn wieder zu vereinen (vgl Eph 1,9-10). Das ist Sein erklärtes Ziel mit uns – die Einheit in der Ewigkeit! Er wird es verwirklichen wie einst die Schöpfung. Seine Vision bildet die Grundmelodie der Weltgeschichte – wie das Bachbett und die Richtung eines Flusses.

Bei der ersten Schöpfung schuf der Geist Gottes den Kosmos aus dem Chaos. Und bei der Vollendung der Schöpfung ist es wieder der Geist, der das Ziel des Ganzen bewirkt – das Einswerden von allem in der Fülle der Zeit. Diese hat übrigens schon angefangen mit Christus und mit der Ausgießung des Heiligen Geistes, der die Seinen in das Leben Gottes hineinzieht und somit auch zusammenführt. Wenn wir uns vom Geist Gottes ergreifen lassen, wird unsere Sehnsucht nach Beziehung zu einem Mittel, diesen Plan Gottes umzusetzen. Was für Dimensionen!

Kurz zusammengefasst ist Verlassensein also ein Widerspruch zu unserer Herkunft, zu unserem Wesen und Auftrag und zu unserer Zukunft. Deshalb der Schmerz! Und trotzdem lässt Gott ihn zu – weil er für viele eine Chance ist, das Wesentliche zu finden. Was das ist, wird uns hoffentlich immer deutlicher bewusst.

Doch auch hier noch einmal der Blick voraus: Gott kann den Schmerz verwandeln und fruchtbar machen für Sein Reich. Da wird es also ein riesiges Happy End geben! Paulus, der wirklich viel gelitten hat, sagte:

„Ich bin überzeugt, dass die Leiden der gegenwärtigen Zeit nichts bedeuten im Vergleich zu der Herrlichkeit, die an uns offenbar werden soll."
(Röm 8,18)

Er wurde nicht enttäuscht! Darauf dürfen wir uns freuen! Und Er, der Gott der Überraschungen, der Gott der maßlosen Liebe – freut Sich unbändig darauf!

In unserem stressigen Alltag, besonders in all der Bedrängnis um uns herum, brauchen wir immer wieder Gottes Perspektive, Seine Sicht. Wir vergessen so oft die Richtung und das Ziel des Ganzen! Immer wieder muss Er uns daran erinnern:

„Du weißt, woher du kommst – aus Meiner unendlichen Liebe. Du weißt, wohin du gehst – in Meine unbeschreibliche Herrlichkeit hinein, mitten hinein. Du gehst an Meiner Hand, in Meiner Kraft, in Meinem Schutz!"

Das ist die Wahrheit! Für uns! Welch herrliche Aussichten!

Bitte, Abba,
lass mich das nie mehr aus den Augen verlieren!
Halte Du mich in Deinen Armen,
wenn der Schmerz da ist.
Erinnere mich immer wieder daran,

dass Deine Pläne größer sind
als meine beschränkte Sicht!
Und daran, dass ich Dir doch vertrauen kann!
Danke für alles, was Du vor hast,
und dass ich bei Dir immer neue Kraft holen darf!
Amen.

P.S.: Eigentlich dachte ich schon letzte Woche, dieses Buch sei fertig geschrieben. Doch heute früh, am Palmsonntag, hatte ich das dringende Bedürfnis, an diesem Kapitel hier noch etwas nachzubessern. Als ich gerade getippt hatte: „Und Er, der Gott der Überraschungen, der Gott der maßlosen Liebe – freut Sich unbändig darauf!", läutete das Telefon. Hm – so früh am Sonntagmorgen?! Es war eine Bekannte, die mir mitteilte, dass die edle alte Dame (aus Kap. 22) mit ihren 97 Jahren heute Nacht gestorben sei. Erst vor fünf Tagen hatte ich ihr gesagt, wie sehr Jesus Sich auf sie freue. – Und mir soeben ausgedacht, wie unser Empfang bei Ihm sein könnte. – Nun hatte Er sie heimgeholt! Ich war ganz schön erschüttert.

Und dann in der Kirche noch einmal: Vor der Kommunion, als der Priester sagte: „Freue dich, Tochter Zion, denn dein König kommt! Er ist sanftmütig ...", konnte ich mir so richtig vorstellen, dass ihr Hinübergehen sanft und selig war – wie ihr Wesen. Ihr kam Jesus sicher nicht „unbändig" oder leidenschaftlich entgegen, sondern voller Zärtlichkeit, Milde und Sanftmut. Und fast hörte ich den Vater liebevoll sprechen: „Du demütige und tapfere Tochter! Komm herein in die Freude deines Herrn, dem du so treu gedient hast! Und schau, wie vielen du Mutter warst."

21. Neue Berufung für eine Verlassene

Eines schönen Morgens wachte ich auf und „hörte" einen Satz: „Als Maria von Magdala vor dem Grab weinte, da wurde sie neu berufen." Ich überlegte kurz. Tatsächlich! Tränen und neue Berufung – da besteht wohl ein Zusammenhang! Diese Frau konnte leidenschaftlich lieben und leidenschaftlich weinen. Und Jesus schenkte ihr die erste Begegnung mit Ihm, dem Auferstandenen! (vgl. Joh 20,11ff) Hinterher war alles anders. Vielleicht möchtest du sie ein wenig besser kennenlernen und dem nachspüren, was sie erlebte:

Nur ein Wort ...

Ein Wort löste ihren Schmerz in Nichts auf. Den Schmerz, der brennender war als alles, was sie jemals erlitten hatte. Und das war nicht wenig. Immer schon hatte sie mit ihrem übergroßen Herzen nach Sinn, nach Heilung gesucht, nach Zuwendung und Liebe gejagt und geschrien.

Immer wieder war sie von fremden Mächten getrieben und beherrscht worden. Immer wieder war sie nicht sie selber gewesen und hatte Hilfe gesucht. Vergebens. Jedes Mal war es eine Enttäuschung gewesen, war die Verzweiflung tiefer geworden. Jeder Rückfall hinterließ noch mehr Schmerz. Nirgends gab es Frieden für sie. Nirgends.

Dann war sie dem Messias begegnet, Jesus aus Nazaret. Er hatte sie nur angeschaut – ein langer Blick – und da war alles gut: Friede. Heil. Sinn. Sie hatte alles Frühere verlassen, war Ihm gefolgt und hatte für Ihn getan, was sie nur konnte. Hatte Ihm zugejubelt mit den anderen bei Seinem Einzug in Seine Stadt: „Sohn Davids, König der Juden, Hosanna!"

Es war anders ausgegangen. Furchtbar. „Kreuzige ihn!", brüllte die Menge voller Hass und Blutgier. Und Er ließ Sich verurteilen, der Unschuldige! Er ließ sich foltern, geißeln, quälen und schließlich an ein Kreuz nageln. Sie musste zuschauen, machtlos, entsetzt. Sie hatte die Hammerschläge gehört und den Spott der Leute. Und Seinen Schrei: *„Mein Gott, mein Gott, warum hast du mich verlassen?" (Mt 27,46)* Nach qualvollen Stunden endlich: *„Vater, in deine Hände ..." (Lk 23,45)*

Er neigte das Haupt, das mit Dornen gekrönte, und wurde noch vom Speer durchbohrt. Nun war Er tot, endgültig – der, den ihre Seele über alles liebte, der Inhalt ihres Lebens. Ihr Schmerz war unsagbar groß.

Stumm und völlig erstarrt hatte sie zugeschaut, wie sie Ihn vom Kreuz herab holten und in ein Grab legten. Ihre Hoffnung, die Hoffnung der Welt, war nun begraben hinter einem harten Felsbrocken! Es wurde Nacht und Tag und wieder Nacht. Dunkelheit und Leere! Und Trauer.

Aber dann, ganz früh am dritten Tag wollte sie Ihm noch ein einziges, ein letztes Mal ihre Liebe erweisen – Seinen kostbaren Leichnam mit ihren Tränen waschen und mit duftenden Ölen salben.

„Es war unglaublich, was ich dann erlebte!", erzählt sie jedem, der es hören will durch all die Jahre, die Jahrhunderte, hindurch: „Sein Grab war offen – und leer! Nur die Tücher lagen da. Nicht einmal Sein toter Leib war mir geblieben! Nichts. Fassungslos stand ich da, verlassen – wie nie zuvor, und weinte wie nie zuvor.

Plötzlich – zwei Engel im Grab, die fragen: „Frau, warum weinst du?" Auf meine verzweifelte Klage hin: „Man hat meinen Herrn weggenommen" – eine Stimme hinter mir, eine Männerstimme, die mich dasselbe fragt, aber noch dazu: „Wen suchst du?" Ich dachte, es sei der Gärtner. Doch dann – dieses eine Wort, das meine ganze Welt veränderte, das meinen Schmerz in Nichts auflöste: „Maria!"

Es war Seine Stimme, die Stimme des Meisters, unverkennbar, und es lag so viel Liebe darin und neues Leben und Freiheit und Sinn! Er lebte! Er lebte! Er war nicht tot! Er stand vor mir als Lebendiger! Und Er nannte mich beim Namen! Ich verstand ganz tief, was Er meinte: *„Ich habe dich beim Namen gerufen und du bist Mein!" (Jes 43,1)* Ich wandte mich Ihm zu. Auch ich sagte nur ein Wort: „Rabbuni!" – Mein lieber Meister! – Da lag alles drin. Alles! Und Er verstand.

Voll leidenschaftlicher Liebe wollte ich Seine Füße umklammern, Ihn festhalten, für immer, wollte Ihn nie mehr hergeben! Doch da bat Er mich: „Rühre Mich nicht an, halte Mich nicht fest, denn Ich bin noch nicht aufgefahren zum Vater! Ich gehe heim, zu Meinem Vater und zu eurem Vater, zu Meinem Gott und zu eurem Gott! Geh! Sag das Meinen Brüdern!" (vgl. Joh 20,17)

Solch hohen Auftrag gab Er mir – mir, einer Frau, – mir, der Maria von Magdala! Ich durfte es als erste verkünden – das wichtigste Geschehen aller Zeiten! Ich durfte die erste Zeugin sein! Ich durfte, ich sollte, ich will es der Welt sagen, dass Jesus, mein geliebter Meister, auferstanden ist, dass Er zur Rechten des Vaters, unseres Vaters, thront – in Herrlichkeit!

Glaubt mir: Es lohnt sich – zu allen Zeiten alles auf Ihn zu setzen, Ihn leidenschaftlich zu lieben, es mutig allen Menschen zu künden: „Jesus lebt!"

Jesus hatte sie erwählt zur Verkünderin Seiner Auferstehung. Sie hatte Ihn erwählt zur Liebe ihres Lebens. So konnte sie dann später – der Legende nach als Einsiedlerin – im fernen Land Frankreich leben und Ihn, den Lebendigen, durch ihr Leben verkünden. Und der Herr bestätigte ihre Botschaft durch Zeichen und Wunder, wie Er Seinen Jüngern versprochen hatte (vgl. Mk 16,17-20).

„Seht, sie hat Mich erwählt! Sie lebt ganz für Mich und aus Mir!", wird Er, der Sohn Gottes, der auf dem Thron sitzt, jubelnd zu Seinen Engeln gesagt

haben. Und sie schließlich – mit offenen Armen und Freudentränen in den Augen – in Seinem Reich des Lichtes empfangen. Die Leidenschaftliche.

Warum ich es wage zu schreiben, dass Jesus, der Sohn Gottes, Freudentränen weint? Das will ich gerne erzählen: Vor etwa 20 Jahren leiteten mein Mann und ich Sommer-Zeltlager für Familien auf einer Wiese, an deren Ende sich eine Kapelle befand. Dort versammelten wir uns täglich, lobten Gott mit unseren Liedern, hörten Geschichten aus der Bibel und was uns das heute sagen will und beteten auch füreinander um den Heiligen Geist – auch für die Kinder und Jugendlichen natürlich.

Einmal hatte ich eingeladen, dass die nach vorne zu den Stufen des Altars kommen sollen, die Jesus ganz neu ihr Leben schenken möchten. Zwei herzige kleine Mädchen machten den Anfang und sagten es laut zu Ihm. Andere folgten, auch Erwachsene. Zum Schluss kam sogar noch unser Theologie-Student nach vorne. Wir waren echt berührt! Hinterher verließ ich die Kapelle als letzte. Draußen warteten noch ein paar Jugendliche auf mich, unter ihnen ein etwa 13-jähriges Mädchen. Tränenüberströmt stand sie da. Ich erschrak, nahm sie in die Arme und fragte, was geschehen sei. Sie antwortete total erschüttert: „Ich habe Jesus gesehen! Er saß auf Seinem Thron und weinte vor Freude, dass so viele von uns soeben vor allen anderen erklärt hatten, dass sie zu Ihm gehören wollen!" Wie bewegend! Unvergesslich!

Herr Jesus,
Du kennst auch meinen Namen,
Du kennst sogar mein Herz
und verurteilst mich nicht!
Lass mich Dir begegnen,
sprich Du mich an
und schenke mir mehr Liebe,
vielleicht sogar ein wenig Leidenschaft
für Dich und Dein Reich!
Danke, dass Du mich hörst
und dies sicher auch
Dein Herzensanliegen ist.
Amen.

22. Für Ihn da sein

Maria von Magdala bekam vom auferstandenen Herrn den Auftrag, den ziemlich verzagten Aposteln zu verkünden, dass Jesus, ihr Meister, lebt und ihr begegnet ist. War Verkündigung, also Predigen, und zwar den Männern, etwa ihre neue Berufung? Wir Frauen des 21. Jahrhunderts, die wir allzu gerne – auch in der Kirche – das Sagen hätten, könnten das vielleicht missverstehen!
Nein, sie hatte nur den Auftrag, Seinen Freunden die Botschaft ihres geliebten Meisters auszurichten. Und zwar genau! Vor allem, dass Er lebe. Dass Er zum Vater gehe. Aber auch die Tatsache, dass Er

von Seinem Vater und ihrem Vater gesprochen hatte. Für damals war das eine Sensation, fast eine Gotteslästerung: Dass die Jünger Jesu nun den Gott des Alls als Vater ansprechen dürfen, dessen Name bisher kein Jude aussprechen durfte – vor lauter Ehrfurcht.

Auch wir Christen von heute haben das Privileg, Ihn Vater zu nennen. Leider haben wir meist das Staunen darüber verloren.

Jesus, der Auferstandene, wusste genau, was Er tat, als Er diese Botschaft einer Frau anvertraute. Nicht, weil Frauen so gerne sprechen! Nicht, weil sie nun den Männern sagen können, wo es lang geht. Sondern weil Er sich Frauen, als Er sie schuf, so ausgedacht hat, dass ihnen Beziehungen das Wichtigste sind – liebevolle Beziehungen untereinander, aber auch die ganz persönliche Beziehung zu Gott. Auch heute noch haben wir Frauen deshalb den Auftrag, sogar die Berufung, dies der Welt von heute, vor allem der männlichen, vorzuleben.

Für Männer sind meist andere Dinge wichtig, und das ist gut so. Aber auch sie sind zu dieser vertrauensvollen Du-Beziehung mit Gott eingeladen. Sein Geist macht es uns sogar möglich, zum Vater ganz zärtlich „Abba" zu sagen – wie Jesus, also „Papa"! Ich bin Benedikt XVI. sehr, sehr dankbar, dass er dies immer wieder betonte und offensichtlich selbst in dieser Liebesbeziehung mit Ihm lebte. Er sagte sogar einmal, Christen müssten richtig verliebt sein in Gott.

Das hat uns auch Maria von Magdala auf ihre leidenschaftliche Art vorgelebt. Übrigens ist – laut Bibel – die Leidenschaft auch eine der Eigenschaften Gottes! Ihre neue Berufung aber war es, ausschließlich für Jesus zu leben, für nichts anderes mehr! Sie sollte und wollte Ihn nun bei Tag und bei Nacht in ihrem Herzen berühren, festhalten und liebend betrachten. Und dorthin gehen, wohin Er sie führte. Selbst ins ferne, fremde Land – und das ganz alleine!

Das gibt es, Gott sei Dank, heute noch, dass der Herr Menschen beruft, anders zu leben – einfach für Ihn. Sie sollen ihre Erfüllung nicht in Erfolg im Berufsleben suchen, nicht einmal in einer Partnerschaft und Familie, sondern Er schenkt ihnen die Gnade, ihr Glück von Ihm selber zu erwarten. So, wie Mann und Frau in Ehe und Familie durch ihre Liebe und Hingabe Gottes dreifaltiges Leben darstellen sollen, so beruft Er Menschen, schon jetzt diese Brautschaft darzustellen, zu der Jesus Christus die ganze Menschheit eingeladen hat. Sie sind also wie Wegweiser, manche vielleicht sogar Werbeplakate für das, was uns allen einmal verheißen ist – ewige Seligkeit bei Gott, in Gott, der die Liebe ist.

Die Welt, die Gott nicht kennt, ist blind für eine solche Berufung und tut alles ihr Mögliche, um den Zölibat der Priester und das Leben im Kloster lächerlich zu machen, in ihren Schmutz zu ziehen. Sogar bei uns im katholischen Oberschwaben sah ich an Fasching eine Gruppe von angetrunkenen Burschen, die sich alle als Nonnen verkleidet hatten. Wie geschmacklos! Das hat mir echt weh getan. Ich konnte nur noch beten, dass sie das rechtzeitig einsehen und bereuen.

Es gibt die Berufung zur Ehelosigkeit in der Gemeinschaft eines Klosters, aber auch die, mitten in der Welt alleine mit Ihm zu leben und für Ihn da zu sein – um der Welt zu zeigen, was letztlich Wert hat und bleibt. Viele leben diese Berufung schon lange in Treue und kümmern sich nicht um die Meinung der Umgebung. Ich denke da an die vielen Frauen, die nicht den geeigneten Partner fanden. Und an die, welche in ihrer Jugend ihren Eltern dienten und sie aufopferungsvoll pflegten, bis diese starben – und dann zu alt waren zur Ehe. Ob sie alle schon entdeckt haben, dass dies im Plan Gottes stehen und eine besondere Berufung von Ihm für sie bedeuten könnte?

Dürfen wir nicht auch uns dazu zählen, die wir unseren Partner durch Tod oder Untreue verloren haben? Manche sind wohl zu einer neuen Ehe berufen – aber die vielen anderen?

Wenn allein lebende Menschen im Kontakt mit Gott ihre besondere Berufung erkennen, für Ihn da zu sein – und auch für die Menschen, die Gott ihnen in den Weg schickt – wird ihr Leben auf einmal höchst sinnvoll.

Ein paar Beispiele:

Eine mit mir befreundete ehemalige Lehrerin nimmt sich der allein gelassenen alten Menschen in einem privaten Altersheim an, besucht sie, betet mir ihnen, bringt ihnen den Leib des Herrn. Viele von ihnen fühlen sich als nutzlos abgestellt, sitzen vor dem „Kasten" und lassen sich von morgens bis abends, milde gesagt, verdummen und abstumpfen durch all das Zeug, was ihnen da serviert wird. Wieviel Zeit geht ihnen da verloren, die sie füllen könnten mit so viel Wertvollem für sich und die Welt!

Dieser Tage erzählte mir eine unverheiratete Frau am Telefon von einer beglückenden Erfahrung: Ihre Sehnsucht danach, einmal Mutter zu werden, machte ihr eines Tages so große Not, dass sie sich ganz heftig vor Gott, dem Vater, ausweinte. Sie erwartete von Ihm Trost – und bekam ihn. Als sie in ihr Säckchen mit Bibelversen griff, zog sie den Spruch: *„Freu dich, du Unfruchtbare, die nie gebar, du, die nie in Wehen lag, brich in Jubel aus und jauchze! Denn die Einsame hat jetzt viel mehr Söhne als die Vermählte, spricht der Herr."* (Jes 54,1) Ihre Freude darüber war riesig, man konnte es jetzt noch hören, förmlich spüren – nach Jahren! Und tatsächlich durfte sie in all den Jahrzehnten als Krankenschwester oft und oft von dankbaren Patienten hören, dass sie für sie so liebevoll gesorgt habe wie eine Mutter. Sie waren ihre geistigen Kinder!

Eine Witwe, deren Kinder nun zum Studium aus dem Haus gehen, entdeckt plötzlich ihre Berufung in die Mission wieder und bewirbt sich als Missionarin bei einer Missionsgesellschaft.

Andere arbeiten in ihrem Beruf, manche bringen ihre Erfahrung in Politik oder Ehrenamt ein, manche sind für ihre Enkel da – was in heutiger Zeit immer wichtiger wird. Bei uns in der Stadt treffen sich an drei Orten täglich alte, größtenteils alleinstehende Frauen, die miteinander den Rosenkranz beten. Wie würde es bei uns aussehen, wenn es diese Säulen des Gebets nicht mehr gäbe?

Und ich kenne und bewundere eine 97-jährige frühere Kindergärtnerin. Sie wohnt jetzt im Altersheim und ich darf ihr immer wieder den Herrn in der Kommunion bringen. Sie verschenkt alles, was sie nicht unbedingt braucht. Sie nimmt ihr Leben mit allen Beschwerden an. Wenn ich sie frage, ob es ihr besser gehe mit ihren Schmerzen, antwortet sie: „Ach, es gibt doch noch so viel Not in der Welt! Ich kann dafür beten und meine Schmerzen aufopfern."

Für jeden Menschen hat Gott eine sinnvolle Berufung. Eine wichtige, wo er oder sie unersetzbar ist.

Manche Alleinlebende allerdings fühlen sich benachteiligt. Von der Gesellschaft, der Kirche, von Gott. Sie haben das Gefühl, in der Kirche gäbe es sie gar nicht, denn man spreche dort nur über Ehe und Familie. Sie seien gesellschaftlich nicht integriert, nicht gebraucht, nicht gefragt. Da kommt bei ihnen dann leicht der Eindruck auf, sie seien auch bei Gott nicht gefragt.
Von wegen! Er hat sie nicht übersehen oder vergessen. Er hat auch für sie einen Plan.
Wir alle, die wir allein leben, werden hoffentlich die Tatsache entdecken, von der König David wohl gegen Ende seines wahrlich nicht einfachen Lebens sang:

„Gerecht ist der Herr in allem, was er tut, voll Huld in all seinen Werken." (Ps 145,17)
Das heißt: In allem! Er ist nicht ungerecht, Er benachteiligt keinen. Und wenn es dem einen scheinbar in dieser Welt besser geht als dem anderen, dann hat das seinen Sinn. Man muss ihn nur entdecken.

Wir werden ihn entdecken, garantiert – spätestens in dem Augenblick, da wir vor Sein Angesicht treten dürfen. Dann werden wir hingerissen sein von Seinem wundervollen Plan für uns! Oder tief beschämt, weil wir nie nach Seinem Plan gefragt und das Thema unseres Lebens verpasst haben.

Gerade läutet es den „Engel des Herrn" und ich möchte ihn mitbeten. Und daran anschließen:

Vater, mein Abba,
danke, dass auch ich Dich so nennen darf!
Danke, dass Du Maria durch den Engel
angesprochen und ihr einen
solch entscheidenden Platz
in Deinem Heilsplan gegeben hast.
Sie hat Ja gesagt – mir geschehe –,
obwohl diese Schwangerschaft all ihre Pläne umwarf
und sogar ihr Leben in Gefahr brachte.
Was hast Du Großes aus ihrem Ja gemacht!
Falls Du nun für mich einen neuen Auftrag hast,
dann hilf mir, ihn zu erkennen
und gib mir den Mut,
mein Ja dazu zu sagen. Amen.

23. Gottes großer Plan

Wenn ein Mensch versucht, über Gottes Plan für die Welt zu sprechen, muss er einen Riesenschritt von sich weg machen, einen Blick in neue Dimensionen wagen.

Dass hinter und über allem, was ist, ein Plan steht, ist logisch! Es kann doch nicht alles Zufall sein, wie alles so faszinierend geschaffen ist – der Makrokosmos und der Mikrokosmos! Wirklich große Naturwissenschaftler und Philosophen haben das längst entdeckt: Es muss einen Plan geben – entworfen und gelenkt von einem höchst intelligenten Wesen.

Aber, so denkt mancher, der Ihn nicht kennt: Dieses Wesen, das viele Menschen „Gott" nennen, ist so hoch über mir, so unendlich groß. Viel zu groß, viel zu mächtig, viel zu weit weg. Deshalb kann es sich gar nicht für mich interessieren.

Doch wir Christen wissen, dass Gott eine Person ist, die uns kennt und die wir persönlich kennenlernen dürfen. Wir glauben, dass in Ihm drei Personen sind – Vater, Sohn und Geist.

Wir glauben, dass unser Gott ewig ist – ohne Anfang und Ende. Dass Er allmächtig ist, dass Er die Geschicke aller Menschen lenkt, von Geschlecht zu Geschlecht. Dass Er jeden kennt, auch dich und mich.

Wenn Er mein Vater im Himmel ist und den Überblick und den Einblick hat, dann bin ich doch in Seinem Plan am besten aufgehoben.

Doch was ist Sein Plan? Als Antwort fällt mir der geniale Hymnus des Hl. Fulbert von Chartres aus dem

11. Jahrhundert ein, bei dem ich mir, Gott sei Dank,
jedes Mal winzig und unwichtig vorkomme:

> **Ewiger Gott,**
> **aus dem Nichts hast Du das Weltall geschaffen;**
> **lag doch kein Urstoff bereit, neben Dir, ewig wie Du.**
> **Ebenso wird einst Dein Wille**
> **die Welt von Grund auf verwandeln;**
> **doch Du bleibst immer Dir gleich,**
> **so wie von jeher Du warst.**
> **Klein ist die Spanne der Zeit,**
> **durch die unsre Jahrhunderte gleiten,**
> **kurz bemessen die Frist,**
> **heilig zu werden wie Du.**
> **König der Welten, lass uns in Treue**
> **Dir dienen auf Erden.**

Ja, der ewige Gott hat einen Plan: Wir sollen heilig
werden wie Er! Und das in einer verhältnismäßig
kleinen Spanne Zeit – in unseren Jahrhunderten, in
unseren, uns noch verbliebenen Lebensjahren. Wir
dürfen Abba sagen zu diesem ewigen Gott, dürfen
sogar Sein Wort hören. Es sagt uns so viel herrliche
Wahrheit über Ihn, über Seinen Plan und über uns
– zum Beispiel:

„Denn in ihm (Jesus) *hat er uns erwählt vor der Erschaffung der Welt, damit wir heilig und untadelig
leben vor Gott; er hat uns aus Liebe im Voraus
dazu bestimmt, seine Söhne* (und Töchter) *zu werden durch Jesus Christus, und nach seinem gnädi-
gen Willen zu ihm zu gelangen zum Lob seiner
herrlichen Gnade." (Eph 1,4-6a)*

Das sollten wir auswendig lernen und uns vorsa-
gen, wenn uns mal wieder Trägheit, Unlust, Resig-
nation oder Sinnlosigkeit überfallen. Damit dieser
Plan gelingt, obwohl so viele Menschen davonlaufen, hat Gott alles gegeben – in Seinem geliebten
Sohn. Was für ein Preis für unsere Zukunft!

Deshalb müssen wir das Wort Jesu über unser täg-
liches Sorgen ernst nehmen, das uns den richtigen
Maßstab gibt für unser ganzes Planen und Leben:
„Suchet zuerst das Reich Gottes, und alles andere
wird euch dazugegeben." (Mt 6,33)

So hatte ich dieses Wort in meiner Jugendzeit gelernt und verinnerlicht. Luther hatte übersetzt:

„Trachtet zuerst ..., so wird euch das alles zufallen."[48]

Zufallen – vom Himmel her! Es wird uns in den
Schoß fallen, das Übrige – wenn wir aktiv werden,
wenn wir suchen, wenn wir danach trachten. Interessant, wie es die Einheitsübersetzung – in meinen
Augen etwas abschwächend – formuliert:

*„Euch muss es zuerst um sein Reich und um seine
Gerechtigkeit gehen; dann wird euch alles andere
dazugegeben." (Mt 6,33)*

Hier gefällt mir nur das Wort „zuerst" – das Reich
unseres Vaters hat also Priorität! Und als Söhne und
Töchter Gottes haben wir Verantwortung dafür,
eine riesige Verantwortung: Um das Reich unseres
Vaters sollen wir uns vor allem anderen kümmern
– darum, dass Menschen Ihn kennenlernen, Ihm
die Ehre geben, sich von Jesus Christus erlösen lassen. Dass sie nach Seinem Willen fragen und Seine
Liebe erfahren – auch durch unser Beten und Tun!
Den Rest, also alles, was wir sonst noch brauchen,
dürfen wir vom Vater erwarten. Alles!

Du Herr der Zeiten,
Du Schöpfer des Alls,
mein Vater!
Ich bete Deine Größe an, Deine Allmacht
und Deine Weisheit, die all unser Denken
und unsere Vorstellung weit überragt!
Lenke meinen Blick um!
Lass mein Suchen und Trachten,
mein Planen und Handeln bestimmt sein
von Deinem Plan der Erlösung
und Heiligung unserer Welt,
auch unseres Alltags, meines Alltags!
Dein Name werde geheiligt,
Dein Reich komme,
Dein Wille geschehe –
in der Welt, in der Kirche,
in meinem Leben,
am heutigen Tag und für immer!
Amen.

24. Der beste Platz für dich

Einige Zeit bevor ich Witwe wurde, las ich einmal einen Satz: „Wenn Gott dir zumutet, dass Er dir den Partner nimmt, dann hat Er noch etwas mit dir vor!" An dem Tag, als mein Mann starb, sollte ich einen Vortrag halten über Einsam-

keit – und wollte diesen Satz ins Zentrum stellen. Aber, Gott sei Dank, spürte ich, dass ich bei meinem Mann bleiben sollte, und sagte ab. Doch mir hat der Satz dann sehr geholfen, ich durfte das wirklich erleben. Gott tut immer das Richtige! Und auf Seine Art – voll Huld, also liebevoll und großzügig.

Vor Jahren hatten wir junge Menschen von Jugend mit einer Mission zu Gast, damit sie unseren Jugendlichen in Ravensburg etwas weitergeben von ihrem Feuer für den Herrn. Da kam ein Telefonanruf – die Mutter eines der jungen Männer sei gestorben. Als ich es ihm ganz vorsichtig ausrichtete, sagte er nur: „Oh, da wäre ich gerne dabei gewesen! Aber – Gott macht keine Fehler!" Das hat mich so beeindruckt, dass ich es fünfzehn Jahre später auf dem Sterbebildchen für meinen Mann aufdrucken ließ.

Können wir glauben, dass unser Leben von Ihm geplant ist – und zwar mit viel Liebe ausgedacht?! Auch das steht schon in einem Psalm (Ps 33,11): *„… die Pläne seines Herzens überdauern die Zeiten!"*
Die Pläne Seines Herzens sind die eines gütigen Vater-Herzens! Wer diese Wahrheit in den Blick nimmt, muss nicht mehr jammern oder murren. Ist das nicht ein wunderbarer Trost für uns? Und eine Ermutigung, nach vorne zu schauen, neue Schritte zu wagen und Ihn zu fragen: „Was hast Du nun vor mit mir?"
Denn unser ewiger, allwissender Gott hat auch diese unsere Zeit als Trauernde, Verlassene, als

Witwe, als Witwer, als Alleinlebende im Voraus gesehen und eingeplant! Schon lange – schon vor Anbeginn der Zeit – und zwar höchst sinnvoll. Ich
muss hier an die Witwe Judith denken, die aus dem
Alten Testament, über die ein ganzes Buch geschrieben wurde: Sie war reich, schön – und vor
allem gottesfürchtig. Sie hat sich Gott zur Verfügung gestellt. Und als ihre Stadt bedroht war und
die Stadtväter von Betulia schon aufgegeben hatten, da griff sie ein und rettete damit ihre ganze
Stadt. Eine Frau – eine „schutzlose" Witwe! Sie hatte
erkannt, was der Herr von ihr wollte, sagte tapfer Ja
dazu und führte es dann mutig aus.

Doch auch für uns, die wir vielleicht weder reich
noch schön sind, auch keine Frau, nicht einmal tapfer, hat Gott sich etwas ausgedacht. Jeder Mensch
ist zu etwas Einmaligem berufen! Auch du! Das
steht schwarz auf weiß im Brief unseres Freundes
Paulus an die Epheser (2,10):

*„Seine Geschöpfe sind wir, in Christus Jesus dazu
geschaffen, in unserem Leben die guten Werke zu
tun, die Gott für uns im Voraus bereitet hat."*

Hast du schon entdeckt, was deine Berufung ist,
welches die guten Werke sind – für die Zeit, die vor
dir liegt? Du weißt ja nun, dass unser Gott manchmal unsere Krisenzeiten, auch unser Verlassensein,
unsere Wüste benutzt, um uns zu etwas Neuem zu
berufen – wie bei Hagar, Mose, Maria von Magdala
und vielen anderen Menschen. Freue dich: Er hat
alles schon vorbereitet!

Es gilt also herauszufinden: Was sind die Talente,
die Er mir geschenkt hat? Die dürfen wir ruhig

dankbar anschauen. Was passt zu den Lebensumständen, in die Er mich gestellt hat? Was sind die Wünsche meines Herzens? Gab es da schon spezielle Verheißungen für mich? Vor allem: Was will der Herr heute für mich?

Haben wir keine Angst zu fragen! Keine Angst vor Neuem, Ungewohntem! Für uns alle gilt Jesu Wort: *„Ich bin gekommen, dass sie das Leben haben und es in Fülle haben." (Joh 10,10)*

Es gilt auch für dich und mich! Leben in Fülle! Das heißt also: Neue Freude, neue Farben, Blüten, sogar Früchte. Fragen wir den Vater also: Was hast Du mit mir vor? Und vertrauen wir – was Er plant, ist auf jeden Fall das Beste! Er ist doch der Gott, der Zukunft und Hoffnung gibt. Er hat uns vielerlei Gaben gegeben, die wir vielleicht jetzt noch ausleben dürfen. Und Ihm stehen alle Möglichkeiten zur Verfügung und alle Kreativität!

Manchmal geht Er ungewöhnliche Wege mit uns. Wir dürfen uns nicht von alten Denkmustern oder Erwartungen anderer drängen lassen, auch nicht von unseren eigenen! Auch wenn wir noch nicht alle Wege verstehen können, ist es gut, sich immer wieder vertrauensvoll in Seine Hand zu geben und zu fragen: „Was soll ich tun?" Und zu wissen: Er will ja mein Bestes!

Deshalb sollten wir größten Wert legen auf das Zusammensein mit Ihm im Gebet und Gottesdienst. Dort spricht Er zu unserem Herzen, dort können wir aufblühen und wachsen auf Ihn hin. Da gilt es immer wieder, sich zu entscheiden, anderes an zweite Stelle zu setzen! Hier schenkt er uns Ruhe und Erholung, Weisheit und neue Kraft. Er schenkt uns Seine Liebe und Seinen väterlichen und mütterlichen Trost. Wir können Ihm vertrauen, dass Er alles zum guten Ende führt.

Von christlichen Freunden bekam ich einmal eine Mail: „Es ist nicht in erster Linie wichtig, was du für den Herrn tust, sondern was du für Ihn bist! Du bist Sein innig geliebtes Kind. Er will dich an Sein Herz drücken, dass du bei Ihm ganz ausruhen kannst. Lass dich in Seine liebenden Arme fallen. Er wird dich mit Kraft füllen."

Gerade Zeiten der Schwäche sind für uns ungewohnt, richtig beängstigend! Da mag uns der Herr fragen: „Vertraust du Mir oder nicht?! Darf Ich in deinem Leben der Starke sein?!"

Im Gebet können wir ungeheuer viel tun für Sein Reich. Ich schätze die überlieferten Gebetsformen meiner kirchlichen Tradition, wie Rosenkranz oder sogar Litaneien. Da Gott uns aber Seine Nähe geschenkt hat und die Vollmacht Seiner Kinder, sollten wir Ihn immer wieder fragen: „Wie soll ich jetzt beten?" Hier ein paar Anregungen:

- Seinen Willen erfragen und tun. Er ist dein Glück.
- Seinen Namen und Seinen Sieg ausrufen über jede Not.
- Seinen Frieden empfangen und ihn weiterfließen lassen in die Welt, die ihn so nötig braucht! Das tue ich vor allem in der stillen Anbetung vor Ihm.
- Alles Ungute in unserer Welt ans Kreuz bringen, in die Erlösung durch Jesus hineinlegen und Ihn um Seine Barmherzigkeit, um Befreiung, um Vergebung, um Heil bitten.

– Ihn, Jesus, den Wiederkommenden erwarten. Ihn willkommen heißen in mein Leben hinein, in diese Welt hinein, die Er erlösen möchte. Dies ist so notwendig und höchst wirkungsvoll! Das können wir in jeder Situation den ganzen Tag über tun und auch nachts.

Ob das Erwarten, das Empfangen, das Beten überhaupt von nun an vermehrt Sein Auftrag auch an dich ist? So kannst du Frucht bringen – Frucht des Gehorsams, der Entsagung, der Fürbitte, der Stille, deines Glaubens.

Wenn du in Seinem Willen lebst, allein in der Einsamkeit, oder deiner Arbeit nachgehst oder untätig im Bett liegst, Bilder malst, Gitarre spielst oder dich für andere aktiv einsetzest –, dann ist das der beste Platz für dich. Solche Erfahrungen haben schon viele gewöhnliche und ungewöhnliche Menschen gemacht, die sich von Ihm erwählen und leiten ließen.

Petrus, der so gerne fischte, gar zu gerne drei Hütten gebaut hätte und dann in die weite Welt wandern musste, schrieb an seine Gemeinden mit dem Blick auf seine, unsere ewige Zukunft:

„Deshalb, meine Brüder (und Schwestern), bemüht euch noch mehr darum, dass eure Berufung und Erwählung Bestand hat. Wenn ihr das tut, werdet ihr niemals scheitern. Dann wird euch in reichem Maß gewährt, in das ewige Reich unseres Herrn und Retters Jesus Christus einzutreten." (2 Petr 1,10-11).

Will Petrus, der einmal den verklärten Herrn in Seinem Glanz hatte sehen dürfen – also auch seine Zukunft –, will er uns damit sagen: „Leute, dafür lohnt
sich alle Anstrengung!"?

Herr, Du hast mich geschaffen
und hast Dir in Liebe und Weisheit
was Schönes ausgedacht für mich!
Zieh mich immer mehr an Dein Herz,
damit ich das entdecken
und dann freudig in Deiner Kraft tun kann.
Lass mich mein Ziel, meine Heimat bei Dir,
– all die herrlichen Aussichten –
nie aus den Augen verlieren.
Und bedecke Du mich
mit Deinen schützenden Fittichen!
Ich danke Dir für Deine Pläne des Heiles!
Amen.

25. Das Plus
der Alleingelassenen

Ein Heiliger soll mal gesagt haben, wenn Gott
einem etwas wegnehme und man es Ihm
überlässt, dann schenke Er einem immer mehr zurück. Könnten wir da vielleicht daraus schließen,

sogar darauf hoffen, dass wir, die Verlassenen, viel mehr bekommen, als wir vorher besaßen? Kann Gott so etwas tun?

Eine Freundin von mir äußerte sich neulich in ähnlicher Weise, als sie sagte: „Erst, als mein Mann mich wegen einer anderen Frau verlassen hatte, habe ich Jesus näher kennengelernt. Seither ist mein Leben viel erfüllter!"

Und jetzt noch etwas, was mich sehr fasziniert hat: Bei Henry Nouwen las ich vor Jahrzehnten, dass wir genau beachten sollten, wie Jesus beim Abendmahl handelte. Er nahm das Brot in Seine Hände, dankte dem Vater, brach es und teilte es dann aus. So handle Er auch an Seinen Jüngern – damals und jetzt. Er nimmt sie in Seine Hände, in Seine heiligen Hände. Sie ruhen dort für kurze Zeit, spüren Seine Nähe und nehmen teil an Seinem Dank an den Vater. Dann bricht Er sie in Stücke. Sie lassen das an sich geschehen. Und werden dann ausgeteilt – als Brot für viele Menschen. So nehmen sie teil an Seinem Gebrochenwerden für das Heil der Welt. Sie werden fruchtbar für die Welt.

Ich möchte dies auf uns Verlassene übertragen: Jesus möchte mit unserem Leben noch etwas Großes tun. Also mutet Er uns den Zerbruch zu, unser Verlassensein. In dieser Not will Er uns begegnen, tiefer begegnen. In seinen Händen ruhend wissen wir uns von Ihm angenommen, bei Ihm geborgen und empfangen Seinen Trost. Wir nehmen teil an Seiner Hingabe an den Vater. So können wir auch in unserer schlimmen Situation dem Vater danken. Denn mit Jesus lernen wir zu vertrauen, dass Gott große Pläne mit uns hat. So werden wir offen für das Werk, für das Er uns vorgesehen hat – uns armselige Wesen! Doch er schenkt uns ja Seinen Geist, jeden Tag!

Natürlich können wir auch in der Ehe wunderbare Begegnungen mit dem Herrn erleben. Aber hier möchte ich von einem Plus der Verlassenen, der „Gebrochenen" sprechen:
- Ihre Not wird ihnen zum Anlass, sich an Ihn zu wenden.
- Sie haben nun die Freiheit, Ihm ganz anzugehören – mit ungeteiltem Herzen.
- Sie machen sich leichter von Gott abhängig, was das Klügste ist, das ein Mensch tun kann. Denn so steht ihnen Seine Kraft zur Verfügung und Seine Verheißungen, wie diese: *„Sie tragen Frucht noch im Alter und bleiben voll Saft und Frische." (Ps 92,15)*
  Hier sind übrigens die Bäume gemeint, die an Wasserbächen gepflanzt sind, die zu Gott gehören! Die nach Ihm ausschauen. Wieder Wasser! Merkst du was?

Wir Alleingelassene, im obigen Sinne „Gebrochene", haben eine Menge Potential in das Reich Gottes einzubringen:
- Wir haben die Erfahrung gemacht von Lieben und Geliebtwerden, von Sehnsucht und Verzicht.
- Wir haben das Loslassen gelernt – auch ein Ausdruck von Liebe!
- Das Leid, das wir erfahren haben, macht uns reifer, weichherziger, mitfühlender. Man kann auch

sagen, wir seien durch Leiden geläutert, d. h. irgendwie verfeinert.

- Wir sind sensibler geworden und können daher leichter Seine Sehnsucht spüren und unser Ja zu Ihm sagen – zu Ihm, der unser Leben ausfüllen will mit Freude, Zärtlichkeit, Gnade.
- Wir haben verstanden, dass wir nicht alles verstehen, nicht alles in der Hand haben können.
- Falls wir den Partner durch den Tod verloren haben, sind wir an die Grenze gekommen, ist unser Blick auch auf das Danach gerichtet. So sind wir ein Stück weiser geworden.

Unser Leid kann, wie Jesus es darstellte und vorlebte, die Aussaat neuen Lebens sein. Im Geheimnis Christi, im Licht des Neuen Lebens, ist der Mensch, der durch das Dunkel geht, wie ein Weizenkorn, das in die Erde fällt und stirbt, um reiche Frucht zu bringen (vgl. Joh 12,24). So kann Gott unser Leben fruchtbar machen für Sein Reich und für die Welt. Schon David wusste oder ahnte dies:

„Ziehen sie durch das trostlose Tal, wird es für sie zum Quellgrund und Frühregen hüllt es in Segen."
(Ps 84,7)

Ein völlig überraschender Aspekt dieses Segens für uns ist mir erst aufgegangen, als ich mich näher mit dem Thema Witwe beschäftigte. Da erst fiel mir auf, wie nahe die Witwen (und Verlassenen) dem Herzen Gottes stehen. Dass Er ihre Rechte wahren und sie schützen will. Dass Er sogar feierlich erklärte:
„Ihr sollt keine Witwe oder Waise ausnützen. Wenn du sie ausnützt und sie zu mir schreit, werde ich

auf ihren Klageschrei hören. Mein Zorn wird ent-
brennen und ich werde euch mit dem Schwert um-
bringen, so dass eure Frauen zu Witwen und eure
Söhne zu Waisen werden." (Ex 22,21ff)
Gott meint es ernst, das merken wir am heftigen Stil
seiner Rede. Er droht sogar. Das sollten alle wissen,
in deren Augen die Alleinstehenden an Wert verloren haben, was leider gar nicht so selten geschieht
in unserer Kultur!

Doch noch wichtiger: Gott, der Allmächtige, ver-
pflichtet sich hier förmlich, auf das Gebet der Verlassenen zu hören! Auch in der frühen Kirche
wusste man darum und schätzte es.
Das heißt doch, dass wir uns nicht auf dem Ab-
stellgleis befinden, sondern in der ersten Reihe!
Dass wir einen Bonus bei Ihm haben! Seitdem mir
das klar wurde, hänge ich an meine Bitten oft den
Satz an: „Nicht wahr, Herr, Du hörst doch auf uns
Witwen!?"

Könnte dies aber auch eine Beauftragung sein?
Dass wir Verlassene beharrlich vor Ihm stehen sollen und Ihm die Not der Welt mit all unserer Leidenschaft vortragen, wie die Witwe, die Jesus als
Vorbild hinstellte?! (Lk 18,3 ff) Dass wir als Fürbitter
und Fürbitterinnen gefragt sind? Als solche, die Ihn
bedrängen mit unserem Klagen und Flehen, die
Sein Herz bewegen mit unserem vollen Vertrauen
in Seine Güte?
Werden wir dann auch von Seinem Glanz berührt
– ein wenig wie Mose, als er im Offenbarungszelt
für sein Volk betete?

Herr des Himmels und der Erde,
Du König aller Zeiten!
Du willst mein Dunkel zu Licht machen,
meine Verlassenheit zu Fruchtbarkeit.
Du hast mich in Deine Hand geschrieben.
Du hörst mich und sorgst für mich.
Lege mir ins Herz,
für was ich bitten soll
und stärke mein Vertrauen,
dass Du dann handelst!
Denn ich will doch auch etwas beitragen
zu Deiner Herrschaft hier auf Erden!
Also sage ich: „Hier bin ich. Sende mich!"
Amen.

26. Nicht mal beim Sterben verlassen

Wenn wir ehrlich sind – die Angst vor dem Tod bestimmt weithin unser Leben. Und, das ist jedem klar, da müssen wir alleine hindurch. Wir können keinen mitnehmen, der uns begleitet. Es gibt sicher wunderbar einfühlsame Sterbehilfe. Aber der letzte Schritt hinüber – sind wir da nicht völlig im Stich gelassen?

Nein. Da gibt es noch einen Trost: Maria. Auch eine Frau, sogar eine Witwe, die weinte und gerade da eine neue Berufung bekam. Unterm Kreuz ihres Sohnes. Als von nun an völlig allein Gelassene. Trifft nicht auch auf sie zu: *„Die mit Tränen säen, werden mit Jubel ernten" (Ps 126,5)*?

Sie wurde von ihrem sterbenden Sohn dem Apostel Johannes zur Mutter gegeben (Joh 19,26-27) – eine neue Berufung bis an ihr Lebensende. Nur bis dahin? Die Kirche hat von Anfang an diese Berufung Marias, diesen Auftrag Jesu, so verstanden, dass sie nicht nur dem Lieblingsjünger, sondern allen Jüngern, also allen Christen als Mutter gegeben wurde. Für mich, die ich in der Kirche aufgewachsen bin und an die Gemeinschaft der Heiligen glaube, war dies selbstverständlich, dass sie an Gottes Thron jetzt noch für uns einsteht. Das tut sie sicher gerne, sogar mit Jubel – denn an Gottes Thron gibt es ja bekanntlich nur Jubel! Darum singe ich auch gerne ihr Magnifikat mit, in dem sie Gottes Größe besingt und Seine Wundertaten an den Hungrigen und Armen.

Doch welche Rolle sie bei unserem Hinübergehen spielt, wurde mir persönlich erst voll bewusst durch folgendes Erlebnis: Vier Wochen vor dem Sterben meines Vaters teilte mir sein Arzt mit, dass es „nicht mehr lange mit ihm gehen" werde. Als einzig übrig gebliebene Tochter brachte ich meine Bestürzung gleich im Gebet zum Herrn und meinte zu hören: „Lege ihn vertrauensvoll in die Arme Meiner Mutter! Sie wird ihn ganz sanft zu Mir hin tragen." Das erstaunte mich etwas, denn es war zu einer Zeit, da ich noch wenig persönliche Beziehung zu Maria, der Mutter Jesu, hatte. Doch tat ich, was der Herr mir

geraten hatte – und es ging alles erstaunlich gut. Seither habe ich Seine Empfehlung weitergegeben, wann immer ich den Impuls dafür spürte.

Eigentlich ist es logisch für den, der es mit ganz natürlichen Augen anschaut: Mütter haben mit dem Leben zu tun, mit dem Anfang des Lebens und dem Ende. Sie schenken uns von Anfang unseres Lebens an Geborgenheit. So erfuhr es auch Jesus als Mensch. Seine Mutter hielt zu Ihm, auch wenn sie Ihn nicht verstehen konnte. Sie stand unterm Kreuz, unter Tränen(!), und wurde von ihrem sterbenden Sohn zu etwas ganz Großem berufen – nämlich weiterhin Mutter zu sein für die Menschen.

Aus diesem Grund bitten täglich Millionen von Menschen: „Heilige Maria, Mutter Gottes, bitt für uns Sünder, jetzt und in der Stunde unseres Todes." Tun sie es im vollen Bewusstsein dessen, dass sie das einmal dringend brauchen werden? Denn selbstverständlich will uns der Böse noch bis zum letzten Atemzug versuchen und bedrängen. Ich bin mir sicher, dass sie uns beim Hinübergehen auf ihren Armen trägt, wenn wir sie darum bitten. Und dass ihre reine, demütige Nähe ein mächtiger Schutz ist gegen den Feind.

Viele berühmte Maler legen in ihren Gemälden den vom Kreuz abgenommenen Jesus in den Schoß Seiner Mutter – in den Schoß zurück, von dem Er ausgegangen war auf dieser Erde. Und unzählige Mütter finden in dieser Szene Trost in ihrem Leid um ihre Kinder. Doch nicht nur im Sterben darf sie uns beistehen, sondern in jedem Leid. Das wurde mir gleich zweimal deutlich gemacht:

- Nach dem Tod meines Mannes weilte ich ein paar Tage im Kloster bei meiner geistlichen Begleiterin. Einmal sagte sie zu mir: „Bedenken Sie: Sie stehen nicht alleine an diesem Kreuz! Hinter Ihnen steht eine Frau, die Mutter Jesu!" – „Ja", dachte ich, „Maria weiß, was Schmerz heißt und Loslassen und Verlassensein!" Diese Vorstellung war ein Trost für mich. War es bloß eine Vorstellung?
- Jahre später, als ich aus anderen Gründen ganz tief im Leid steckte, beteten einige befreundete Pastoren für mich, und einer meinte: „Der Herr sagt vom Kreuz herab zu dir: ‚Das ist deine Mutter!'" Wieder wurde ich an sie verwiesen, sogar von einem protestantischen Gemeindeleiter!

Für Marias Auftrag, uns Menschen als Fürbitterin zu helfen, finde ich Bestätigung in der Bibel: Als Maria bei der Hochzeit zu Kana ihren Sohn auf die Verlegenheit des Brautpaares aufmerksam machte (Joh 2), da erfüllte Jesus ihre Bitte auf großzügige Weise. Doch passt dies auch sehr gut zu der Art, wie Mütter veranlagt sind: Sie kämpfen wie Löwinnen für ihre Kinder. Und Kinder wissen das instinktiv. Ein alter Professor erzählte in einem Vortrag, dass er als siebzehnjähriger Soldat im Krieg in höchster Gefahr nach seiner Mutter geschrien habe. Das aus seinem Munde zu hören, hat mich sehr beeindruckt.

Wenn Jesus uns Seine Mutter Maria geschenkt hat, dann wird sie, die noch immer voll der Gnade ist, mit ihren Mitteln auch für uns kämpfen – wie eine Löwin. Viele Menschen können erzählen, wie sie ihre Hilfe erfahren haben.

Herr Jesus,
Du hast uns sogar Deine Mutter geschenkt.
Du weißt, warum ich dieses Geschenk
nicht so leicht annehmen konnte/kann.
Wenn es Dein Wunsch ist,
dann führe Du mich zu ihr.
Ich möchte von ihr lernen
– vor allem ihre Sanftheit, ihre Demut,
ihr Hören und Vertrauen.
Und ihr Ja-Sagen – auch zum Leiden
und zum Verlassenwerden.
Amen.

27. Seine Sehnsucht

Auf dem Weg zur Kirche holte ich neulich eine jüngere, unverheiratete Frau ein, von der ich weiß, dass sie es nicht leicht hat in ihrem Leben. Wie es ihr gehe, fragte ich natürlich. Sie sagte nicht viel. Ich erwähnte, dass ich gerade ein Buch schreibe, bald damit fertig sei, und wie es heißen wird. Beglückt blieb sie einen Moment stehen: „Das tut mir jetzt gerade echt gut, wie du das sagst: ‚Du bist nicht allein gelassen!'"

Ich wollte gerne wissen, was ihr ein Trost ist, was ihr in ihrer Lage geholfen hat. Damit war sie, so früh am Tag, offensichtlich überfordert und wusste nicht, was sie sagen könnte. An der Kirchentüre angelangt, fragte ich sie ganz direkt: „Ist das nicht der größte Trost für uns, dass wir hier den Herrn selbst empfangen dürfen?" – „Oh, ja, ja! Das ist es!", strahlte sie.

In der Kirche saßen oder knieten schon die anderen, meist alleine Lebenden, beteten vermutlich für die Welt und warteten auf den Herrn, der sie hier mit Seiner Liebe beschenken würde. Und in Sein Opfer mit hineinnehmen!

„Gott, wie köstlich ist deine Huld! Die Menschen bergen sich im Schatten deiner Flügel, sie laben sich am Reichtum deines Hauses; Du tränkst sie mit dem Strom deiner Wonnen. Denn bei dir ist die Quelle des Lebens, in deinem Licht schauen wir das Licht." (Ps 36,7b-10)

So sang schon König David. So singt mein Herz immer wieder, wenn ich vom Reichtum Seines Hauses und vom Strom Seiner Wonnen kosten darf. Vom Strom Seiner Wonnen!?

Auch in diesem Lied wird die Zuwendung Gottes verglichen mit einer Quelle, sogar mit einem Strom, mit Wasser, das voller Wonne ist und Leben bringt! Wissen wir überhaupt noch, was Wonne ist, wie sie sich anfühlt? Erst im Licht des Neuen Testaments, des Lebens und der Lehre Jesu wird uns klar, dass dieses Lied Davids ein Vorausahnen, eine Verheißung dessen ist, was uns Gott in Seinem Sohn schenken würde. Auch uns, die wir heute leben! Eine Verheißung für dich und mich!

Bei der Begegnung Jesu mit einer Frau am Jakobsbrunnen (Joh 4) spricht Jesus über Seinen Auftrag und über das, was Er uns schenken würde. Wieder ist es ein Brunnen. Wieder eine Frau, auch dieses Mal eine Frau in großer Not. Käme sie sonst zum Brunnen zu einer Zeit, da keine der anderen Frauen kommen würde wegen der stechenden Hitze? Sie fürchtet die vielsagenden verachtenden Blicke, das geschwätzige Geflüster, das hämische Lachen und die verletzenden Schimpfwörter der Nachbarinnen über ihre vielen Liebhaber.

Oh, dieser Mann, ein Jude, spricht sie sogar an, spricht mit ihr – einer Samariterin! Wie ungewöhnlich! Welche Ehre – für sie! Er bittet sie sogar um einen Schluck Wasser! Sie kommt aus dem Staunen nicht heraus.

Im Lauf des Gesprächs geht ihr auf, dass dieser hier, der ihr lebendiges Wasser verspricht, ein Prophet sein muss. Er selbst offenbart sich ihr sogar als der erwartete Messias – als die Erfüllung aller Erwartungen Seines und ihres Volkes.

Ja, das glaubt sie Ihm! Das müssen alle wissen, das muss sie allen erzählen in ihrer Stadt! So wird sie, die schon von fünf Männern verlassen worden war, zur begeisterten, mutigen Zeugin – für den Erlöser aus jeglicher Verlassenheit.

Etwas später, auf dem Höhepunkt des Laubhüttenfestes, ruft Jesus es aus, mitten in Seiner Stadt, auf dem Tempelplatz, ganz laut, in aller Öffentlichkeit: *„Wer Durst hat, komme zu mir, und es trinke, wer an mich glaubt ... Aus seinem Innern werden Ströme von lebendigem Wasser fließen. Damit meinte er den Geist, den alle empfangen sollten, die an ihn glauben. (Joh 7,37ff)*

Das war ein unerhörter Anspruch – wussten Seine Zuhörer doch, dass Gott durch ihren Propheten Jesaja einst für die messianische Zeit verheißen hatte, Er werde seiner Stadt, Seinem ganzen Volk den Frieden wie einen Strom zuleiten *„... und den Reichtum der Völker wie einen rauschenden Bach ... Wie eine Mutter ihren Sohn tröstet, so tröste ich euch; in Jerusalem findet ihr Trost."* (Jes 66,12a.13)

Für die, die Ihm nicht trauten, war dies ein Skandal, eine ungeheure Provokation – und der Beginn ihres Todesurteils für Ihn. Jesus wusste das. Er hatte aber trotzdem den Mut, die Wahrheit auszurufen, für alle Welt – auch für uns heute!

Doch Er wird noch etwas unendlich Edleres schenken als normales Wasser: Schon Sein allererstes Wunder – das mit den 600 Litern besten Weines – ist das vielleicht kein Wonnestrom?! Als ein jüdischer Rabbi diese für ihn unglaubliche Geschichte von der Hochzeit zu Kana (Joh 2) hörte, soll er etwas spöttisch gefragt haben: „Wer hat denn all den guten Wein getrunken?" Sein Gesprächspartner, ein Mönch, meinte nachdenklich: „Wir trinken immer noch davon – in jeder Messe!" Jesus schenkt den Hochzeitswein in Fülle – auch für uns!

Damit sind wir beim Thema – dem Trost, der für mich der wichtigste ist: Dass ich in der Heiligen Messe in das Opfer Jesus hineingenommen werde, dass mein Verlassensein also zutiefst sinnvoll wird. Und das Höchste: Dass ich Ihn selbst, Jesus, den Sohn des allmächtigen Gottes, in der Kommunion in mich aufnehmen darf – Seinen Leib essen, Sein Blut trinken – das kostbarste Geschenk, das uns der Herr hinterlassen hat. Die innigste, jedoch ganz wirkliche Vereinigung mit Ihm. So etwas erschütternd Demütiges und Großzügiges kann sich nur unser Herr ausgedacht haben!

Doch ist es völlig im Einklang mit Seinen Worten, in denen Jesus sich vergleicht mit einem Bräutigam! Und wie ein Bräutigam sprach Er unmittelbar zuvor von Seiner Sehnsucht:

„Ich habe mich sehr danach gesehnt, vor meinem Leiden dieses Paschamahl mit euch zu essen." *(Lk 22,15)*

Ich finde es überwältigend schön, dass Er sich danach sehnte, Sich an Seine Freunde, Sich an uns zu verschenken!

Wir Verlassene wissen, was Sehnsucht ist! Doch ahnen wir eigentlich, was Seine Sehnsucht ist? Sie ist es, die unser Leben bestimmen sollte. Ja, Seine Sehnsucht nach uns, nach dir und nach mir. Sie ist viel größer als wir uns vorstellen können. Und sie will nichts von uns, sondern schenkt sich, gibt sich hin, total!

Nicht zu fassen: Er, der Gekreuzigte, Auferstandene, Erhöhte schenkt sich mir! Doch, es ist wahr! Denn Er selbst, der die Wahrheit ist, hat zu seinen Jüngern gesagt:

„Das ist mein Leib, der für euch hingegeben wird. Tut dies zu meinem Gedächtnis. ... Dieser Kelch ist der Neue Bund in meinem Blut, das für euch vergossen wird." *(Lk 22,19f)*

Und schon lange vorher hatte Jesus davon gesprochen in seiner Brotrede. Selbst, als alle seine Anhänger sich empörten und Ihn verlassen wollten, riskierte Er es, laut vor der ganzen kritischen Menschenmenge zu verkünden:

„Ich bin das Brot des Lebens ... Wer mein Fleisch isst und mein Blut trinkt, der hat das ewige Leben ...“ (Joh 6,48-51)

Er wollte lieber verlassen dastehen, ohne Zuhörer, ohne Freunde, als diese erschütternde Wahrheit, seine unbegreifliche Großzügigkeit, zu verschweigen, zurückzunehmen.

Übrigens haben wissenschaftliche Untersuchungen bei dem Brotwunder von Lanciano (und einem ähnlichen aus den letzten Jahren in Polen) mehrfach bestätigt, dass es sich bei den dort seit Jahrhunderten unverwest aufbewahrten Hostien um Teile des Herzmuskels eines lebendigen jüdischen Mannes handle. Der Glaube braucht solche Beweise nicht, aber erschütternd finde ich es schon, dass das, was wir glauben, sogar im Labor nachweisbar ist.

Wie kann sich jemand so verschenken? Was sagt das über Jesus, über Gott, über Seine Liebe zu uns Menschen – über die Liebe überhaupt?

Er schenkt sich uns. Sichtbar. Mit den Sinnen erfahrbar. Und Er gibt sich uns nicht nur ganz hin, sondern verwandelt dadurch unser so ganz menschliches Leben immer mehr in Sein ewiges Leben. Und das ist ja unser Ziel! Sogar unsere eigentliche Heimat!

Das müssen wir ins Auge fassen. Aufblicken! Uns von Ihm ermutigen lassen:

„Gehe mutig voran – auf mich zu! Schau nicht bedauernd zurück, sondern immer nur vorwärts, aufwärts, auf dein Glück zu, auf deinen Gott zu, der dich sehnlichst erwartet."

Ja, Herr,
das möchte ich.
Gib mir Sehnsucht nach Dir!
Mach mich immer mehr
eins mit Dir!
Amen.

28. Schmerz wird sinnvoll

Groß ist es geworden – das Bild unseres Lebens. Es reicht weit hinaus über das, was jetzt ist, wie wir uns jetzt fühlen. Es reicht bis hinein in die Ewigkeit.

Angesichts solcher Dimensionen, solcher Aussichten, solcher Wahrheit über unser Leben müsste es uns jetzt leichter fallen, unsere Situation anzunehmen als etwas, das zum Leben dazugehört, das vergeht, das vielleicht nicht nur Nachteile hat und ganz sicher zu einem guten Ziel führt.

Darf er also sein, dieser Schmerz? Ja, wir müssen ihn annehmen, denn es ist natürlich, dass es weh tut, wenn eine Beziehung zerbricht. Wir müssen nicht so tun, als seien wir die Starken. Selbst unser

Held Paulus musste das einsehen und hinterließ uns in den folgenden Worten vielleicht die wichtigste Erklärung seines großen Lebens als Apostel der Heiden. Er hatte Gott gebeten, ihn von einer schlimmen Sache, vermutlich einer Krankheit, zu befreien. Da bekam er folgende knappe, jedoch erstaunliche Antwort: *„Meine Gnade genügt dir; denn sie erweist ihre Kraft in der Schwachheit."*
Und Paulus zog die beste Konsequenz daraus und schreibt:
„Deswegen bejahe ich meine Ohnmacht, alle Misshandlungen und Nöte, Verfolgungen und Ängste, die ich für Christus ertrage; denn wenn ich schwach bin, dann bin ich stark." (2 Kor 12,9-10)

Wir dürfen also den Schmerz zugeben. Dürfen auch weinen. Und müssen lernen, um Hilfe zu bitten, da, wo Hilfe möglich ist. Hilfe von Menschen, aber noch mehr: Hilfe von Gott. Manche von uns müssen das erst noch lernen, das Um-Hilfe-Bitten, nicht wahr?!
Den Schmerz zuzulassen ist also das Vernünftigste, da es viel weniger anstrengend ist, als sich ständig dagegen zu wehren, ihn zu unterdrücken. Dabei dürfen wir aber nicht stehen bleiben. Manche sagen, man solle den Schmerz anschauen, ihn quasi in die Hand nehmen und liebevoll zu ihm sagen: „Du darfst sein!" Das würde ich ergänzen mit: „Und ich gebe dich jetzt hinein in das offene Herz meines Erlösers." Oder ans Kreuz. Oder in Gottes Hände.

Der Schmerz macht noch mehr Sinn, wenn ich mich und mein Leben im Licht meiner Liebesbeziehung zu Jesus sehe und zu Ihm sage: „Du hast gelitten und bist durch das Leiden in den Tod gegangen und zur Auferstehung gelangt. Ich will Dich dabei irgendwie begleiten. Einfach aus Liebe. Wenn Du, Jesus, so viel Schmerz ertragen hast, will ich Dich dabei nicht allein lassen und meinen Teil dazu beitragen. Ich möchte Dir, wie jener Simon von Zyrene, ein wenig das Kreuz tragen helfen. Hast Du nicht selbst gesagt, wir sollen unser Kreuz auf uns nehmen, wenn wir zu Dir gehören wollen? Mein Verlassensein ist nun mein Kreuz. Okay, ich nehme es auf mich, denn ich will zu Dir gehören."

So ähnlich sah das auch Paulus mit seiner Aussage: *„Christus will ich erkennen und die Macht seiner Auferstehung und die Gemeinschaft mit seinem Leiden."* (Phil 3,10)

Er konnte so mutig sprechen, denn an anderer Stelle verrät er uns, warum:

„Alles vermag ich durch ihn, der mir Kraft gibt." (Phil 4,13)

Ein letzter Aspekt ist, dass das, was wir durchgemacht haben, unser Herz verändert. Wir haben hoffentlich einen Blick bekommen für andere, die sich verlassen fühlen. Weil wir wissen, dass Verlassensein weh tut, werden wir den Trost, den wir empfangen haben, gerne weitergeben an andere.

Noch dankbarer als die Verlassenen, die wir aus ihrer Einsamkeit herausholen, wird uns Jesus selbst sein, der beim Weltgericht einmal sagen wird:

„Was ihr für einen meiner geringsten Brüder (oder für eine meiner geringsten Schwestern!) *getan habt, das habt ihr mir getan!"* (Mt 25,40)

Also leidet Er selber in den Verlassenen und wartet in ihnen auf dich und mich! Ganz schön erschütternd, nicht wahr?

Mein eigenes Gebet an dieser Stelle:

Du Gott der Verlassenen,
Du gütiger Vater, Du herrlicher Sohn,
Du Kraft der Liebe, Heiliger Geist!
Nun habe ich alles getan, was ich konnte,
alles geschrieben, was mir wichtig war.
Danke für alles! Gar alles!

Jetzt bist Du dran!
Schreibe Du nun den Lesern und Leserinnen
ins Herz, dass sie von Dir
nicht verlassen sind.
Bitte zeige es ihnen so deutlich,
dass sie es nie mehr vergessen!
Lass sie erkennen,
dass dies die Hauptsache ist in ihrem Leben.
Bitte fülle sie mit Deinem Geist,
so dass sie dann total überzeugend
zu anderen Menschen sagen können:
„Du bist nicht allein gelassen!"
– und es ihnen zeigen.
Danke, dass Du meine Bitte erhörst,
weil ich Witwe bin – und Deine Tochter!
Amen.

Ich möchte schließen mit den Worten, die der Herr am Schluss der Offenbarung, des letzten Buches der Bibel, an den Seher Johannes spricht:

> *„Siehe, ich komme bald,*
> *und mit mir bringe ich den Lohn,*
> *und ich werde jedem geben,*
> *was seinem Werk entspricht.*
> *Ich bin das Alpha und das Omega,*
> *der Erste und der Letzte,*
> *der Anfang und das Ende ...*
> *Wer hört, der rufe: Komm!*
> *Wer durstig ist, der komme.*
> *Wer will, empfange umsonst*
> *das Wasser des Lebens."*
> *(Offb 22,12ff)*

Quellenangaben

1 „Hebe deine Augen auf zu den Bergen" von Felix-Mendelssohn-Bartholdy, Elias Opus 70, Nr. 28 Terzett
2 © 1994 GenX-Music, www.GenX-Music.de
3 Pfingstsequenz: Lateinischer Originaltext von Stephan Langton um 1200, wörtliche Übersetzung ins Deutsche
4 Gebet der Hingabe von Charles de Foucauld (1858-1916)
5 Asaph Verlag, Lüdenscheidt, 2. Auflage 2001
6 Maria Luise Thurmair nach Psalm 36, aus: „Herr, deine Güt ist unbegrenzt", © Christophorus, Freiburg i. Br. 1971
7 Text: Mark Pendergrass, Deutsch: Gitta Leuschner, © 1977 BMG Gospel Music Inc.
8 Lutherbibel in neuer Rechtschreibung, © 1999 Deutsche Bibelgesellschaft, Stuttgart

Bildnachweis:

Margarete Dennenmoser

Wenn du weißt, wer du bist

Dieses Buch ermutigt die Leserinnen, das in Anspruch zu nehmen, was Gott für sie als Frauen bereithält, das zu entdecken, wozu Er sie berufen hat. Die Lebensqualität einer Frau hängt entscheidend davon ab, inwieweit sie ihren Platz als Tochter Gottes einnimmt. 220 Seiten, gebunden, 14 x 20 cm, ISBN 978-3-932842-80-1

Margarete Dennenmoser

judith h.

Roman. Judith ist eine Frau auf der Suche nach dem wahren Leben. Dabei werden manche ihrer ganz normalen Alltäglichkeiten als Frau unserer Zeit in Frage gestellt. Sie gerät über Umwege auf einen faszinierend neuen, für sie ungewöhnlichen Weg, der von ihr viel Mut erfordert.
200 Seiten, Paperback, 12,5 x 20 cm, ISBN 978-3-932842-11-5

Margarete Dennenmoser

Katrin
Aspekte des Frauseins

Eine Frau fragt – und bekommt Antwort. In der engagierten Auseinandersetzung mit Gott gelangt Katrin, eine moderne Frau, zu überraschenden Einsichten und Ansichten über befreites und befreiendes Frausein, über die Würde der Frau in den Augen Gottes. 248 Seiten, 12 Abbildungen, Paperback, 12,5 x 20 cm, ISBN 978-3-932842-00-9